TRIPLE FOCUS

TRIPLE FOCUS

UN NUEVO PLANTEAMIENTO DE LA EDUCACIÓN

Daniel Goleman y Peter Senge

Traducción de Joan Soler Chic

GRUPO ZETA

Barcelona • Madrid • Bogotá • Buenos Aires • Caracas • México D.F. • Miami • Montevideo • Santiago de Chile

Título original: *The Triple Focus: A New Approach to Education*
Traducción: Joan Soler Chic
1.ª edición: marzo, 2016

© 2014 More Than Sound, by Daniel Goleman and Peter Senge
Originalmente publicado por More Than Sound
© Ediciones B, S. A., 2015
Consell de Cent, 425—427 — 08009 Barcelona (España)
www.edicionesb.com

Printed in Spain
ISBN: 978-84-666-5795-2
DL B 366-2016

Impreso por QP PRINT

Introducción

Pensemos una cosa: muchos jóvenes menores de dieciocho años quizá no hayan conocido un mundo sin internet. Y cada vez en más lugares del mundo, la mayoría de los niños de menos de diez años no han vivido sin dispositivos manuales a los que conectarse —desconectándose de la gente de su alrededor—. En la actualidad, los jóvenes crecen en un mundo muy distinto, que seguirá cambiando más aún a medida que evolucione la tecnología. No obstante, los cambios van más allá de los artilugios tecnológicos. Estos chicos están creciendo también en un mundo que se enfrenta a desafíos sociales y ecológicos sin precedentes que sin duda deberán contribuir a abordar.

¿Qué herramientas podemos procurar hoy a los niños para que les ayuden en esta andadura?

En este libro, Peter Senge, experto en pensamiento sistémico y aprendizaje organizacional del MIT y autor de *La quinta disciplina*, y Daniel Goleman, autor de *Inteligencia emocional* y fundador del movimiento para el aprendizaje social y emocional, analizan los instrumentos internos que los jóvenes precisan para participar y prosperar en este nuevo entorno. Describiremos tres conjuntos de destrezas para navegar por un mundo acelerado de distracciones crecientes y de compromiso personal en peligro —un mundo donde las conexiones entre personas, objetos y el planeta importan más que nunca—. Imaginemos esta serie de habilidades mediante un enfoque triple: el personal, el del otro y el exterior.

Daniel Goleman explorará el primer enfoque, íntimo y personal, **centrándose en nosotros mismos**, en nuestro mundo interior, conectando con nuestro sentido de finalidad y las aspiraciones más profundas, estudiando por qué sentimos como sentimos y qué hay que hacer con estos sentimientos. El enfoque interno es la clave para una vida con finalidad, para concentrarse en la tarea que tenemos entre manos, pasando por alto las distracciones y gestionando las emociones perturbadoras. También ahondará en el segundo enfoque: la **sintonización con otras personas**, o empatía, con la cual seremos capaces de comprender la realidad de los demás y de relacionarnos con ellos desde su perspectiva, no solo desde la nuestra. Esta empatía da lugar al afecto y a la capacidad para trabajar juntos; elementos decisivos en las relaciones efectivas y conectadas.

Peter Senge explicará el tercer tipo de enfoque, el externo: la **comprensión del mundo en su sentido más amplio,** el modo en que los sistemas interaccionan y crean redes de interdependencia, al margen de si la interacción se produce en una familia, una organización o en el mundo en general. Este conocimiento requiere un pensamiento sistémico, no el pensamiento simplista «A provoca B», el de *la respuesta correcta* de la educación tradicional. Peter lleva años formando parte de un movimiento de iniciativas innovadoras que han cambiado la manera de ver y gestionar la complejidad. En la actualidad es miembro de una organización que lleva estos constructos y herramientas a las escuelas, lo que permite a los estudiantes conocer mejor su mundo.

El libro se compone de segmentos que examinan el modo de incorporar este enfoque triple al aprendizaje. En la primera parte, Daniel expondrá razones para enseñar a los niños a cultivar los enfoques personal y del otro. Describirá cómo pueden mejorar la conciencia de sí mismos, la autogestión, la empatía y las habilidades sociales, y también cómo todo esto favorece su desarrollo personal y su rendimiento académico. También ofrecerá un ejemplo de lo que pasa en algunas escuelas que ya están enseñando a sus alumnos estas destrezas vitales.

En el segmento siguiente, Peter analizará el tercer conjunto de aptitudes: la comprensión sistémica, analizando la dinámica de *cuando hago esto, la consecuencia es esta*, y la manera de utilizar estas percepciones para mejorar el sistema. Peter también expondrá la innovadora labor que desempeñan actualmente las escuelas con el enfoque sistémico, y qué revela esta sobre la inteligencia sistémica innata de los niños.

Ahora comprobamos que estos conjuntos de destrezas pueden operar juntos de forma muy natural. Como seres humanos que somos, siempre necesitamos entender los sistemas personales, los del otro y los más amplios de los que formamos parte. Para explorar esta posibilidad, en la última sección Daniel y Peter reflexionarán conjuntamente sobre áreas de sinergias importantes situadas en-

tre el aprendizaje social y emocional y la educación sistémica. Aunque estos dos ámbitos y las redes de educadores
asociadas se han desarrollado en buena medida por separado, juntos pueden constituir una verdadera masa crítica
para una gran cantidad de cambios profundos que, por lo
demás, llevan años frustrando a los innovadores de la educación. Cuando se fomentan las tres inteligencias, al parecer los niños prosperan. Se trata de una educación que
no solo prepara mejor a los niños de cara al futuro, sino
que puede empezar a hacerse realidad ahora mismo.

Una de las razones por las que hemos escrito este libro
es que en las dos últimas décadas se ha avanzado mucho en
cada una de estas esferas. Existen constructos, instrumentos, estrategias pedagógicas y recursos de resultados comprobados para ayudar a las escuelas a llevar estas inteligencias a los estudiantes con eficacia. Nos apasiona la idea de
optimizarlo de modo que cada vez más alumnos saquen
provecho de ello. Cuando visitamos aulas en escuelas pio-
neras de toda clase, experimentamos una especie de desen-
gaño al comprobar que no todos los niños cuentan con esta
formación. Estos programas tienen un gran valor para los
chicos, los profesores, los padres y las familias. Entonces,
¿por qué no están a disposición de todos los estudiantes?

A medida que cada vez más padres, educadores y alumnos introduzcan en las escuelas el aprendizaje social y
emocional y el pensamiento sistémico, iremos viendo alumnos más felices, tranquilos y con una personalidad más
madura, que triunfan en la vida y contribuyen a realizar
cambios sociales fundamentales.

DANIEL GOLEMAN Y PETER SENGE

PARTE 1

REINICIO DE UNA EDUCACIÓN PARA LA VIDA

Daniel Goleman

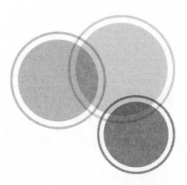

Cuando estaba escribiendo el libro *Inteligencia emocional*, fui a comprobar uno de los primeros planes de estudio concebidos para estimular la inteligencia emocional. Era en las escuelas públicas de New Haven, Connecticut, y estos se habían puesto en marcha porque un psicólogo de Yale, Roger Weissberg, había hecho caso al alcalde de la ciudad, que había convocado a unos cien ciudadanos preocupados. La ciudad de New Haven —aparte del rincón donde se ubica la Universidad de Yale— era una zona muy pobre, donde muchas niñas eran hijas de madres solteras adolescentes que a su vez acababan siendo madres adolescentes que vivían de la beneficencia y cuyos modelos locales de éxito eran los traficantes de droga. Un lugar en el que resultaba difícil prosperar.

El alcalde dijo esto a su grupo de trabajo: «Nuestros jóvenes tienen verdaderos problemas; ¿qué podemos hacer para ayudarles?» Y entonces Roger Weissberg creó el Plan de Estudios de Desarrollo Social para las escuelas de la zona. Fue uno de los programas precursores de lo que ha llegado a ser un movimiento global denominado Aprendizaje Social y Emocional, o SEL (por sus siglas en inglés).

En la actualidad, el SEL está presente en miles de escuelas de todo el mundo, con centenares de programas distintos. Hace poco se llevó a cabo un meta-análisis de diversos estudios sobre escuelas que aplicaban programas SEL y otras que no lo hacían. Se obtuvieron datos de 270.000 estudiantes. Según este ingente trabajo, los efectos de la participación en programas SEL eran como sigue: la conducta prosocial —buen comportamiento en clase, motivación para ir a la escuela, asistencia, etcétera— aumentaba en un 10 por ciento; la conducta antisocial —mal comportamiento en clase, violencia, acoso escolar— disminuía aproximadamente en un 10 por ciento. Pero lo más interesante es que las puntuaciones en los exámenes aumentaban en un 11 por ciento. Por lo general, donde más significativos eran los beneficios era en las escuelas donde más falta hacían.

La relación entre los efectos del SEL en la conducta y los logros académicos causa verdadera sorpresa. Tengo entendido que los alumnos prestan más atención porque han aprendido a gestionar su atención con más eficacia y porque les gustan más los profesores y estar en clase, y muestran menos interés por las peleas y los acosos. De modo que, cuando estas capacidades conductuales mejoran y los estudiantes se sienten cómodos en un escenario educacional, son más capaces de aprender. Desde un punto de vista académico, es un magnífico argumento a favor de llevar el SEL a las escuelas.

En *Inteligencia emocional* revisé hallazgos de lo que

en su momento era un estudio nuevo de la Fundación W. T. Grant, cuyos miembros estaban interesados en los problemas de los niños y en evaluar la importancia de las diversas «guerras» contra esos problemas, nombre con el que se denominaban entonces muchas intervenciones. Había guerras contra las drogas, la violencia, la pobreza, el acoso, e incluso contra los altos índices de absentismo escolar. Se analizaron estos programas concebidos para ayudar a los niños a afrontar esos problemas en su vida, y se descubrió que muchos no funcionaban. De hecho, algunos incluso empeoraban las cosas.

Sin embargo, los que surtían efecto tenían en común ciertos ingredientes. Habían sido pensados a lo largo de los años, no de repente; repetían lecciones básicas de un curso a otro a medida que crecían las capacidades de los alumnos para comprender; ponían el acento en la escuela como comunidad, y extendían su alcance a las familias.

Por otro lado, todos enseñaban un núcleo común de capacidades. Los ingredientes activos se reducían a un puñado de aptitudes emocionales y sociales, entre las que se incluían la *conciencia de uno mismo*, es decir, saber qué sientes y por qué; la *autogestión*, qué hacer con estos sentimientos; la *empatía*, saber lo que piensan las demás personas y percibir y comprender su punto de vista; y las *destrezas sociales*, y al final juntarlo todo para tener relaciones armoniosas y valerse de todas estas habilidades de inteligencia emocional para tomar buenas decisiones en la vida.

Estos cinco aspectos —conciencia de uno mismo, autogestión, empatía, habilidad social y toma de buenas decisiones— son actualmente las capacidades esenciales que se enseñan en el SEL.

Aunque hoy día es un movimiento global cada vez más importante, encontramos estos programas solo en un pequeño número de escuelas. En cualquier caso, estas escuelas son los semilleros que ayudarán a difundir este enfoque educativo. Y a medida que el SEL siga encontrando acomodo en aulas de todo el mundo, esperamos forjar la siguiente generación de educación integral demostrando que el triple enfoque —el personal, el del otro y el externo— puede preparar mejor a los niños para el futuro.

PARTE 2

ENFOQUE EN NOSOTROS MISMOS

Daniel Goleman

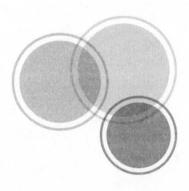

Los niños de segundo de primaria que esa mañana fueron al aula colocaron las sillas en círculo para un ritual diario: el profesor pedía a cada uno que explicara a los demás cómo se sentía (a menos que no estuviera dispuesto a contar nada) y por qué se sentía así.

Fue la primera vez que vi una lección de alfabetización emocional a partir de este sencillo ejercicio en una escuela de primaria de New Haven.

Aunque lo que sentimos y por qué lo sentimos acaso parezca una obviedad en los adultos, esta conciencia básica debe aprenderse en la infancia. Aquel profesor de segundo curso estaba ayudando a cada niño a dominar esta lección sobre la conciencia propia.

Nombrar emociones con precisión ayuda a los niños a tener más claro lo que les ocurre; algo esencial para tomar decisiones lúcidas y gestionar sus emociones a lo largo de la vida. Hacerlo mal puede apartar a los niños del buen camino.

Por ejemplo, se ha observado que las chicas que desarrollan trastornos alimentarios en la adolescencia ya confundían la tristeza y el hambre cuando todavía estaban en la primaria, por lo que en la etapa adolescente acaban comiendo compulsivamente para aliviar su malestar. Lo cual, a su vez, crea el marco idóneo para sufrir problemas alimentarios en fases posteriores de la vida.

La conciencia de uno mismo —dirigir la atención a nuestro mundo interior de pensamientos y sentimientos— es el primer paso para conducirnos bien. Un enfoque personal, íntimo, nos permite comprender y manejar el mundo interno, incluso cuando se encuentra conmocionado por elementos perturbadores. Una de las capacidades esenciales para ello es el modo de utilizar la atención. Podemos dirigir la conciencia propia hacia dentro y supervisar dónde ponemos el foco. Se trata de habilidades vitales que nos mantienen bien encaminados a lo largo de los años y ayudan a los niños a aprender mejor.

Por ejemplo, cuando los niños sintonizan con lo que más les importa, con lo que les atrae, establecen una conexión con los intereses que les motivan. Esta «motivación intrínseca», que viene de dentro, nos revela aquello que nos importa de veras —en el caso de un niño, lo que realmente quiere aprender y por qué—. Si al cabo del tiempo se limita a seguir los objetivos del profesor en cuanto a lo que *debe* aprender sin pensar demasiado en los objetivos propios, desarrollará el pensamiento de que la escuela tiene que ver con las metas de las demás personas, y no aprovechará su depósito interno de motivación e implicación. Por otro lado, los profesores sintonizados pueden valerse de los intereses intrínsecos de los alumnos para animarlos acerca de lo que están aprendiendo.

Esta capacidad para armonizar con lo que nos importa tiene también una dimensión ética. Mientras transcurre la vida, la sensación de que vamos de la mano con nuestros valores acaba siendo un timón interno. En nuestra vida y en nuestra carrera, esto puede convertirse en un «buen trabajo», una potente combinación de lo que nos atrae, lo que nos importa y lo que podemos llevar a cabo con éxito. El buen trabajo requiere entusiasmo, ética y excelencia. En la época escolar, su equivalente es el «buen aprendizaje»: implicarnos en lo que nos parece importante, lo que nos entusiasma, y a medida que avanzamos crear las destrezas y los constructos en los que somos más competentes.

En la ciencia cerebral, la neuroplasticidad, una forma anatómica de progreso, nos dice que el cerebro crece continuamente y se moldea a sí mismo mediante experiencias constantes, a lo largo de la vida y en especial durante la niñez. El cerebro es el último órgano del cuerpo en madurar desde el punto de vista anatómico; no adopta su forma definitiva hasta los veintitantos años. Especialmente en la edad más temprana, nuestra experiencia —y las redes neurales que activa— o bien fortalece estos circuitos, o bien los tamiza y perfecciona.

Por ejemplo, ciertos estudios ponen de manifiesto que la mente divaga aproximadamente el 50 por ciento del tiempo en promedio. En la Universidad de Emory, un conjunto de voluntarios debía tener presente un objetivo, y este, al cabo de un rato, se desvanecía.[1] No obstante, se daban cuenta de ello, en un momento de «meta-conciencia de uno mismo», y lo recuperaban. En este ejercicio, cada vez que tu mente deambula y te das cuenta de ello, te centras de nuevo en la diana. En teoría, cada vez que la recuperas es como la repetición de flexiones de tríceps, pero en el gimnasio mental estás fortaleciendo los circuitos que sirven para centrar la atención, sobresalir y pasar por alto las distracciones.

Es de suponer que esta neuroplasticidad en acción tiene lugar en todos los circuitos para el aprendizaje social y emocional. Los circuitos de la empatía y la gestión interna de uno mismo se desarrollan y crecen a lo largo de la niñez y la adolescencia, y se pueden cultivar para que prosperen de la mejor manera. Partiendo de la óptica de la ciencia cerebral, esto es lo que se propone el SEL.

Lo ideal sería ayudar a los niños a ejercitar los circuitos adecuados en el momento adecuado y por la razón adecuada —por ejemplo, el SEL se centra en el manejo de uno mismo, lo cual depende en gran medida de los circuitos de la corteza prefrontal—. Lo mismo ocurre con los circuitos sociales cerebrales, que nos ayudan a sentir lo que siente otra persona, a saber qué hemos de decir a continuación y a mantener una interacción armoniosa.

Según los psicólogos del desarrollo, la capacidad para ver nuestra mente —los pensamientos y sentimientos— radica en redes situadas principalmente en los centros ejecutivos cerebrales de la corteza prefrontal, justo detrás de la frente. Ciertas emociones fuertes y negativas, como la ira o la ansiedad, fluyen desde circuitos cerebrales inferiores, los centros límbicos. La capacidad del cerebro para «decir simplemente no» a estos impulsos emocionales da un salto entre los cinco y los siete años, y a partir de entonces crece a un ritmo constante, si bien durante la adolescencia tiende a ir rezagada con respecto a los centros emocionales.

Las lecciones apropiadas pueden intensificar la capacidad para ser consciente del impulso —permanecer concentrado y hacer caso omiso de las distracciones—. Esto es especialmente importante para rendir en los estudios. Los centros cerebrales del aprendizaje operan al cien por cien cuando estamos centrados y tranquilos; si nos disgustamos o preocupamos, ya no funcionan tan bien. En caso de agitación extrema, solo podemos centrarnos en lo que nos altera, y el aprendizaje se desconecta. Por estas razones, los estudiantes aprenden mejor cuando están tranquilos y concentrados.

LO NUEVO: ENTRENAMIENTO DE LA ATENCIÓN EN EL SEL

Visité un aula de segundo curso en Spanish Harlem para ver la sesión diaria que allí llaman «colegas de respiración». Durante ese rato —de colegas de respiración—, cada niño va a su rincón, coge su peluche preferido, se tumba en el suelo y se lo coloca sobre la barriga. Entonces mira el peluche subir al aspirar, mientras cuenta 1, 2, 3, 4, y luego bajar contando otra vez 1, 2, 3, 4 al espirar. Lo hacen durante unos minutos.

Esta simple sesión de concentración ejercita los circuitos de la atención de una manera adecuada para el segundo curso. Y los efectos les duran a los niños todo el día: están tranquilos y concentrados. El profesor me explicó que, debido a un cambio de horarios, un día no hubo tiempo para los «colegas de respiración», y la clase fue un caos.

Creo firmemente que los «colegas de respiración» prefiguran el siguiente paso del SEL. Pronto usaremos la nueva ciencia de la atención para ayudar a los niños a observar mejor su mundo interior, a comprenderlo y a controlar sus emociones cuando estén inestables.

Algunas escuelas ya están enseñando a los niños a ser «conscientes», lo que significa poner atención en lo que piensan y sienten sin dejarse arrastrar por alteraciones internas. Esta conciencia observadora crea en la mente una plataforma desde la cual un niño puede sopesar sus pensamientos, sentimientos e impulsos antes de actuar en función de ellos. Y este momento de pausa procura al niño un grado decisivo de libertad que le permite gestionar sus emociones e impulsos en vez de ser controlado por ellos.

La atención es la herramienta fundamental para aprender. La capacidad específica para mantener la atención donde uno quiere se denomina «control cognitivo». Los circuitos del control cognitivo recorren la corteza prefrontal, que actúa a modo de centro ejecutivo de la mente. Se trata de la parte del cerebro que nos permite oponer resistencia a la distracción, inhibir los impulsos perjudiciales, retrasar la gratificación en la búsqueda de objetivos, estar dispuestos a aprender y permanecer centrados en los fines que perseguimos.

Un influyente libro titulado *Cómo triunfan los niños: determinación, curiosidad y el poder del carácter* analiza la importancia de las «agallas».[2] Tener agallas significa ser capaz de identificar un objetivo en la vida y luchar por alcanzarlo pese a los contratiempos y las dificultades. Como cabe suponer, las agallas constituyen un factor fundamental en el éxito de una persona en su vida. Es una de las muchas capacidades que, desde la perspectiva de la función cerebral, se basa en el control cognitivo.

En el fortalecimiento del control cognitivo en el niño hay una ventaja inesperada: el cerebro utiliza los mismos circuitos para centrarse en un objetivo que para controlar emociones destructivas. Cuando fomentamos el incremento del control cognitivo en un niño, estamos ayudándole a reforzar un amplio abanico de capacidades vitales. Estos efectos indirectos contribuyen a poner freno a diversas conductas problemáticas que, de otro modo, intentamos gestionar mediante reglas, sanciones y advertencias. Aunque todos necesitamos esta clase de pautas éticas, esperar que basten cuando un niño no ha desarrollado el control cognitivo es como cerrar la puerta del establo después de que el caballo se haya desbocado.

Para ilustrar las ventajas del control cognitivo imagínate que tienes cuatro años y estás sentado frente a una mesa en la que hay un delicioso malvavisco. Te han dicho que, si quieres, puedes darte este gusto ahora mismo, pero si te esperas unos minutos podrás comerte dos. Este era el apuro en el que se encontraban los niños que participaban en el «test del malvavisco», famoso experimento psicológico sobre la importancia del control cognitivo. Lo llevó a cabo en la década de 1970 Walter Mischel, de la Universidad de Stanford, con los niños matriculados en un jardín de infancia del campus.[3]

Observó que cuando un niño se quedaba mirando el malvavisco sin más, era muy probable que se lo comiera enseguida. Sin embargo, si encontraba la manera de distraerse, era más capaz de esperar y después comerse dos. Entre los métodos que los niños usaban para entretenerse se incluía, por ejemplo, cantar canciones o hablar consigo mismos. A lo largo de varios años, Mischel enseñó a los niños mecanismos para apartar la atención de la apetecible golosina, como imaginar que la exquisitez tenía un marco alrededor a modo de imagen mental, o recordarse a sí mismos lo de los dos malvaviscos que conseguirían si esperaban.

Catorce años después del test del malvavisco se obtuvo un hallazgo sorprendente, cuando fue localizado un grupo de chicos de la época del instituto. Los investigadores compararon a quienes con cuatro años cogían el malvavisco al instante con quienes esperaban y conseguían dos más tarde, y observaron que los que habían tenido paciencia todavía eran capaces de centrarse en sus objetivos, inhibir distracciones y controlar asimismo impulsos perjudiciales. Sin embargo, los que a los cuatro años no habían aguardado a un segundo malvavisco ahora, con dieciocho, seguían teniendo dificultades para demorar la gratificación en la búsqueda de sus objetivos.

Pero el bombazo se produjo en lo relativo a las puntuaciones SAT, a la sazón un factor crucial en las admisiones universitarias: los niños que habían esperado tenían 210 puntos más (de un total de 1.600) que quienes no habían esperado. Este diferencial es mayor que la disparidad entre los chicos con padres sin más estudios que la primaria y quienes proceden de familias con un progenitor provisto de un título superior. Incluso entre esos chicos relacionados con la prestigiosa Universidad de Stanford, la solidez de su control cognitivo influyó en su futuro éxito académico más que el CI y la educación parental.

Al cabo del tiempo, algunos todavía recordaban el test

del malvavisco de cuando contaban cuatro años. Como es lógico, lo que no sabemos es si la experiencia por sí misma funcionó como una intervención, ¡enseñando a los niños que es mejor esperar!

Un estudio más reciente realizado en Dunedin, Nueva Zelanda, subraya esta cuestión con claridad.[4] Los investigadores hicieron el seguimiento de todos los niños —más de mil— nacidos en la ciudad a lo largo de un año. Cuando sus edades oscilaban entre los cuatro y los ocho años, los científicos analizaron con rigor su control cognitivo en cada curso (incluyendo el test del malvavisco a los cuatro años). Les siguieron la pista hasta llegar a los treinta y tantos y observaron que quienes de niños habían mostrado un mejor control cognitivo gozaban de una mejor salud y una mejor situación económica que los que habían puntuado peor en las pruebas. Esta capacidad resultó notablemente eficaz para pronosticar el éxito en la vida, más que el CI en la niñez o el estatus social y económico de la familia.

Es significativo que los niños que a lo largo de esos cuatro años lograron aumentar su control cognitivo acabaran teniendo tan buen rendimiento como quienes habían empezado con niveles elevados. Además, en el transcurso de una niñez sana, el control cognitivo suele ser cada vez mayor. No obstante, señalan los investigadores, si hay una destreza adquirible que se puede potenciar mediante las lecciones adecuadas, ¿por qué no ofrecer estas ventajas a todos los niños?

Para las escuelas, la moraleja es que podemos enseñar a los niños a intensificar su control cognitivo. En cierto modo, esta capacidad se reduce al grado de atención que prestas, y la atención es una destreza mental que se puede mejorar y fomentar. Y hay muchas maneras de hacerlo.

Por ejemplo, los niños de uno a dos años que aún no van al jardín de infancia aprenden con voracidad observando a la gente de su alrededor, tomando como modelo de conducta a padres, hermanos e incluso a otros niños (sobre todo los mayores). En la vida de un niño de uno a dos años, todos son modelos a seguir.

Las personas que crean el programa *Barrio Sésamo* son muy conscientes del poder del modelado entre su público infantil. Cuando visité el taller de Sésamo, donde se monta el programa, quedé gratamente sorprendido por su sofisticación científica: los guionistas estaban reunidos con científicos cognitivos. Resulta que cada segmento de *Barrio Sésamo* se basa en la ciencia del desarrollo infantil envuelta en entretenimiento.

Los allí presentes me hablaron de un episodio recién creado que estaba concebido para incrementar el control cognitivo. Llevaba por título «El Club de Entendidos en Galletas». Alan, el tendero del Barrio Sésamo, había decidido fundar un club de galletas, y naturalmente el Monstruo de las Galletas estaba impaciente por apuntarse. Pero, tal como explicó Alan, si vas a formar parte de ese club has de ser capaz de coger una galleta y no zampártela enseguida. Primero has de ver si tiene alguna imperfección. Luego la olisqueas. Después la mordisqueas un poco. El Monstruo de las Galletas cateó a la primera.

En realidad, el equipo de guionistas de *Barrio Sésamo* consultó este capítulo con Walter Mischel, el psicólogo responsable del test del malvavisco. Mischel aconsejó a Alan que le recordase al Monstruo de las Galletas que si podía esperar y mordisqueaba solo un poco la galletita, luego podría comerse un montón en el club de las galletas. Funcionó. Con esta lección estaban creando un modelo para el control cognitivo de los niños de preescolar.

Otro sistema para fomentar el control cognitivo de los niños se vale de una tecnología más avanzada, en forma de un videojuego llamado *Tenacidad*, en fase de desarrollo en la Universidad de Wisconsin. Está pensado para una amplia variedad de edades, pues adapta su dificultad a tu capacidad. En el juego, caminas por una escena desierta, por ejemplo, y cada vez que exhalas, das un golpecito en la pantalla. A la quinta exhalación, das dos golpes, y si lo haces de forma satisfactoria, como recompensa ves aparecer flores en el desierto. Lo probé con mis cuatro nietos cuando tenían entre seis y trece años, y les encantó. *Tenacidad* ayuda a los niños a concentrarse mejor. A medida que van dominando el juego, la dificultad aumenta de tal modo que mejoran continuamente esta herramienta mental.

Para cultivar el control cognitivo existen distintos medios. En la actualidad, hay muchas escuelas innovadoras donde los niños aprenden similares métodos de entrenamiento de la atención. Las investigaciones ponen de manifiesto beneficios como más concentración y más resistencia a las distracciones, así como menos ansiedad.

Como es un elemento esencial para ayudar a los niños a gestionar mejor su mundo interior y potenciar el aprendizaje, este entrenamiento de la atención parece una medida obvia en el SEL. Los niños deben prestar atención a la atención propiamente dicha.

PARTE 3

SINTONIZACIÓN CON OTRAS PERSONAS

Daniel Goleman

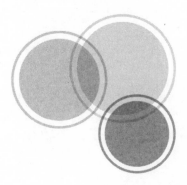

EMPATÍA Y ÉXITO ACADÉMICO

El aprendizaje social y emocional complementa la parte académica: todo junto constituye la educación integral del niño. Hemos revisado las capacidades de autodominio que proporcionan a los niños resiliencia en la vida y el aprendizaje, y les sirven para perseguir sus fines pese a los reveses. Pero la segunda parte del SEL tiene que ver con centrarse en los demás.

Esta es la base de la empatía —entender cómo sienten y piensan los otros— y también de las destrezas sociales, la cooperación y el trabajo en equipo. En el mundo laboral estas capacidades se observan en los mejores integrantes de equipos, en buenos ciudadanos organizacionales y en líderes eficaces. No obstante, estas competencias adultas están arraigadas en lo que aprendemos de niños.

El fundamento neurocientífico de este enfoque en los otros se estudia en un área relativamente nueva de la investigación cerebral: la neurociencia social. Esta disciplina hace hincapié en los circuitos implicados en las interacciones. Aquí se incluyen, por ejemplo, las «neuronas espejo», que nos activan el cerebro partiendo de lo que vemos en otra persona, esto es, sus movimientos, sus emociones, incluso sus intenciones. Estas neuronas, y los numerosos circuitos orquestados del cerebro social, crean una sintonización interna, una sensación inmediata de lo que pasa y que mantiene la fluidez de las interrelaciones. Al igual que los circuitos de la conciencia de uno mismo y de la autogestión, estos circuitos sociales se desarrollan a lo largo de la niñez, lo que nos procura los instrumentos internos para la empatía y las habilidades sociales.

Cuando se trata del enfoque en el «otro», un rasgo que todavía falta en las escuelas —incluso en la mayoría que enseñan SEL— es ayudar a los niños a promover el afecto y la compasión. No basta con saber cómo piensan o sienten los demás; también necesitamos preocuparnos por ellos y estar dispuestos a ayudarles. Me parece que es una destreza vital tanto para los niños como para los adultos, y una incorporación así al SEL sería para las escuelas un paso importante.

Hay un estudio clásico, realizado hace años en el Seminario Teológico de Princeton, en el que a diversos estudiantes de teología se les decía que pronunciaran un sermón por el que serían evaluados. A cada uno se le daba un tema de la Biblia. A la mitad le tocó el del buen samaritano, el hombre que se detuvo en el camino a ayudar a un desconocido. A la otra mitad se le dieron temas bíblicos al azar. Tras cierto tiempo para prepararse, fueron uno a uno a otro edificio a pronunciar su respectivo sermón. Mientras iban de un edificio a otro, pasaban al lado de un hombre que estaba agachado y gimiendo, presa del dolor y la necesidad. Los investigadores querían saber si los alumnos se pararían a interesarse por él. Había algo aún más interesante: ¿era importante si estaban reflexionando o no sobre la parábola del buen samaritano?

Pues resulta que lo más importante era la presión temporal a la que creían estar sometidos —y en cierto modo esto es válido para muchos de nosotros—. Tenemos listas de cosas que hacer, recibimos cada vez más correos y otros mensajes electrónicos, algo nunca visto en la historia humana. La cuestión es lo lejos que estamos de fijarnos en la otra persona, de sintonizar, de establecer lazos de empatía o interesarnos por si tiene un problema. Y luego, cuál va a ser el tipo de ayuda real más probable. Creo que la clave de mostrar compasión —de ser un niño o un padre bondadoso, incluso un compañero de trabajo o un ciudadano de bien— es conectando con los problemas de las personas y estando predispuestos a hacer algo al respecto.

Desde luego no basta con liberarnos de nuestras listas de cosas y otras preocupaciones. La clave de la compasión es estar predispuesto a ayudar, y esto se puede aprender.

Existe un activo movimiento escolar sobre la educación del carácter y la ética de la enseñanza. Sin embargo, no creo que esto sea suficiente para que los niños aprendan sobre virtuosismo ético, pues necesitamos encarnar nuestras creencias éticas actuando en función de ellas. Y esto empieza con la empatía.

Hay tres clases de empatía, cada una de las cuales implica a conjuntos distintos de circuitos cerebrales. La primera es la empatía *cognitiva*: entender cómo ven el mundo y qué piensan de él las demás personas, amén de comprender sus perspectivas y modelos mentales. Esto nos permite expresarnos de la mejor manera para que el otro nos entienda. La segunda es la empatía *emocional*: un enlace de cerebro a cerebro que nos proporciona una sensación interna instantánea sobre lo que siente la otra persona al percibir sus emociones en cualquier momento. Esto posibilita la «química» en nuestras conexiones con la gente.

Las dos son muy importantes, por supuesto; son cruciales para llevarse bien con otras personas, pero no bastan para el afecto y la bondad. La tercera, denominada técnicamente *preocupación empática*, conduce de forma natural a la acción empática —como en el caso del buen samaritano, la persona que sintoniza y se detiene a echar una mano—. A diferencia de las otras dos clases de empatía, esta variedad se basa en el viejo sistema de circuitos de los mamíferos para el afecto y la conducta parental, y alimenta estas cualidades.

Este último tipo de empatía ofrece el fundamento de lo que se ha denominado el «aula del afecto», en la que el profesor personifica e inspira la amabilidad y la preocupación por sus alumnos y estimula la misma actitud entre ellos. Una cultura de aula así brinda el mejor ambiente para el aprendizaje, desde el punto de vista tanto cognitivo como emocional. Por lo general, el mejor aprendizaje se produce en una atmósfera afectuosa, de apoyo, en la que exista una sensación de seguridad, de respaldo y atención, de cercanía y conexión.[5] En un espacio de estas características, el cerebro de los niños alcanza con más facilidad el nivel de eficiencia cognitiva óptima y de preocupación por los demás.

Un ambiente así tiene especial importancia para los niños en mayor peligro de desviarse del buen camino debido a experiencias previas de penurias, abusos o desatención. Según diversos estudios con niños de alto riesgo que han acabado prosperando en la vida —que son resilientes—, la persona que imprime un rumbo nuevo a su vida suele ser un adulto bondadoso, casi siempre un profesor.

Si les preguntas dónde reside la diferencia, suelen decir que fue el profesor quien los captó y los comprendió de veras, quien se preocupó realmente de ellos y advirtió sus posibilidades. Este interés afectuoso y auténtico es importante no solo en el aula, sino también en el conjunto de la escuela. Los administradores deben preocuparse de los profesores para que estos sientan que tienen una base segura. Si cuentas con una base segura, tu mente funciona a pleno rendimiento. Puedes tener un desempeño óptimo. Puedes asumir riesgos calculados. Puedes innovar y ser creativo, sentirte entusiasmado, motivado, y en sintonía con otras personas. La compasión surge con más facilidad.

Cuanto más alterados nos sintamos, más centrados estaremos solo en nosotros mismos. Desconectamos de las personas y de los sistemas que nos rodean, y pensamos solo en nosotros mismos. Ser capaz de gestionar tu vida interior te permite atender a los demás con preocupación sincera y actuar en las mejores condiciones. Esto es válido para los profesores, los padres, los administradores y los niños.

Diversos centros de investigación, entre ellos las universidades de Stanford y Emory, han estado organizando programas que fomentan actitudes de bondad e interés.

El Instituto Mente y Vida ha creado una red de educadores e investigadores (de estas y otras instituciones) para extraer los ingredientes activos de tales estudios y adaptarlos a un currículo pensado para alumnos más jóvenes.[6] Se plantean comenzar con el primer curso o el segundo, y luego ir desplegando versiones apropiadas —en cuanto al desarrollo— a cada curso sucesivo.

Por ejemplo, una de las reflexiones guiadas de un profesor en un programa de este tipo podría inducir a los alumnos a pensar en que los demás niños son «como yo». Se enseñaría a los niños a tener en cuenta sus penas y esperanzas comunes, sus temores y enfados, su amabilidad y su necesidad de ser amados. Esta visión ampliada de cómo ven y sienten el mundo los otros actúa como antídoto contra una visión unidimensional de los demás niños que podría desembocar en estereotipos negativos o acoso escolar.

Un llamamiento: estamos hablando de métodos empíricamente comprobados, por lo que este programa de fomento de la compasión debería ser lo más avanzado. Ayudar a los niños a cultivar su capacidad para el afecto y la preocupación —para la acción empática— seguramente será el siguiente paso importante del SEL.

ENTRENAMIENTO PARA LA TOMA DE DECISIONES INTELIGENTES

Una clase de segundo curso está devanándose los sesos para responder a unas preguntas que les ha formulado el profesor: «¿Cuál es la mejor forma de reaccionar si crees que otro alumno te ha cogido el lápiz? ¿Qué sería lo mejor y qué sería lo peor?»

Deciden que acusar empeoraría las cosas. Sería mejor preguntar si tal o cual le ha cogido el lápiz. Y así, poco a poco, van expresando diversas maneras de manejar la situación, evaluando las consecuencias mejores y peores de cada una.

Siguiendo el mismo método, un grupo de cuarto curso hace un *brainstorming* para afrontar un dilema distinto: «¿Qué pasa si participas en una obra de teatro pero sufres miedo escénico?»

Y en una clase de octavo la pregunta es: «¿Qué harías si tus amigos te presionasen para que probaras alguna droga? ¿Cómo puedes decir que no y conservar su amistad?»

Estos interrogantes son de un apremio fundamental en la vida de los estudiantes, y las respuestas revisten suma importancia. Ser capaz de contestar a estas preguntas barajando un abanico de posibilidades para encontrar la mejor respuesta constituye la base de la toma de decisiones efectivas a lo largo de la vida.

Enseñar a los niños a tomar buenas decisiones es el quinto objetivo del SEL, y se apoya en los cimientos colocados por la conciencia de uno mismo y el autodominio —lo que permite pensar con claridad—, así como en la empatía y las destrezas sociales —lo que nos sensibiliza ante los sentimientos de los demás—. Además, como veremos, a las decisiones acertadas les conviene un mejor conocimiento de los sistemas involucrados, lo cual añade otro ingrediente clave a las decisiones sensatas.

Tecnología y el SEL

Ciertas decisiones humanas básicas, como la toma de decisiones o la empatía, están siendo puestas en entredicho —quizás ahora más que nunca— en parte debido al impacto de los artefactos digitales. Pensemos en los mensajes de texto y el correo electrónico, que en la actualidad pueden constituir medios especialmente peligrosos para los jóvenes. En las situaciones *online*, los circuitos sociales y emocionales del cerebro tienen problemas porque nuestro diseño neurológico presupone interacciones cara a cara, no electrónicas. Cuando te miro, parte de mi cerebro está leyendo al instante miles de mensajes y me dice qué debo hacer a renglón seguido para que la interacción siga funcionando bien. Cuando estoy *online*, no tengo ningún *feedback* de este tipo.

Y como no hay *feedback*, se produce un fenómeno denominado «ciber-desinhibición». Cuando leo tu correo electrónico, no hay mensajes sociales del exterior aparte del texto, por lo que mi cerebro social no indica a los circuitos emocionales cómo interaccionar con habilidad. «Ciber-desinhibición» significa que nada controla tus emociones: si estás disgustado, de pronto rompes con tu novia en un mensaje de texto. Se trata de un secuestro emocional: tecleas con furia un mensaje y pulsas «enviar» y luego piensas *Oh, Dios mío, ¿qué acabo de hacer?* O mandas un mensaje de texto cruel en el que escribes algo hiriente que no dirías nunca a la cara, pues el cerebro social te ayudaría a ajustar tu respuesta a la reacción de la persona.

Aquí el antídoto sería una combinación de conciencia

consciente y preocupación empática: hacer una pausa antes de enviar un mensaje *online* para identificarse con la persona que lo recibirá, y tener en cuenta cómo se sentirá probablemente al leerlo. (Y si es ya muy tarde y estás alterado, no lo mandes ahora. Duerme por la noche —la pausa— y luego léelo desde el punto de vista del receptor antes de enviarlo... añadiendo un toque de empatía.)

Una de las cuestiones que se plantean es cómo se engranará el SEL con las tecnologías educativas emergentes. Por una parte, hay cierta preocupación sobre el modo en que estas tecnologías influyen en nuestras capacidades para centrarnos unos en otros y en la tarea que tenemos entre manos. En resumidas cuentas, ¿la tecnología educacional dificultará la inteligencia emocional? Por otra parte, estas tecnologías acaso supongan nuevas posibilidades para el SEL propiamente dicho.

Cuando hablamos del SEL surge una paradoja: la tecnología puede expulsar a la persona del proceso. No hay interacción entre el alumno y el profesor, sino entre el alumno y la pantalla. En cualquier caso, algunos de los problemas que empiezan a tener los chicos —y que pueden ir a peor en el futuro— se deben a que pasan demasiado tiempo relacionándose con pantallas y no con personas. Las habilidades humanas para conocerse uno mismo, gestionar los mundos interiores, o establecer lazos de empatía y obrar con compasión siempre se han enseñado en escenarios físicos, interactivos (conocidos también como «vida»). Este es el currículo original del SEL que hemos seguido históricamente fuera del aula: vivir la *vida* sin más.

En consecuencia, como mejor se explican las lecciones

del SEL es cara a cara: con tus compañeros de clase, tu profesor, tu familia. El traslado de esto a formatos tecnológicos debe hacerse con sumo cuidado, aparte de que será improbable que estos sustituyan por completo las interacciones humanas que los niños necesitan.

No obstante, Peter Senge me ha ayudado a ver la otra cara de la moneda, donde la tecnología y el SEL pueden encajar de tal modo que obtengamos un resultado coherente. Peter lo explicaba así:

La tecnología nos permite proporcionar aprendizaje de alta calidad, basado en contenidos, partiendo de propuestas y creaciones *online* cada vez mejores. Si esto se hace como es debido, puedes utilizar el aula de una manera muy distinta. Seguramente lo primero que te dicen los profesores atraídos por el SEL es lo siguiente: «¿De dónde saco el tiempo? Mira, ya tengo demasiado material para encima meter esto en la clase.»

Bueno, si utilizas la tecnología para obtener una proporción cada vez mayor de los contenidos y las destrezas básicas ajenos al aula, puedes reinventar el aula. Los niños pueden explicar sus ideas. Y pueden juntarse y trabajar en sus proyectos. Puedes transformar realmente el espacio de la clase. Me parece que hay un número creciente de educadores que ven la tremenda sinergia potencial que hay aquí.

Tal como me indicó Peter, si estás utilizando la tecnología para adquirir cada vez más habilidades y contenidos académicos básicos, puedes reinventar el concepto de educación. Durante el día tienes más tiempo, lo que te procura más margen para desarrollar destrezas del SEL (y, como veremos, pensamiento sistémico). Naturalmente, la tecnología es aún muy nueva, y siempre hay resistencias y recelos.

Tengo la esperanza de que enseñar una buena proporción de temas académicos estándar mediante la tecnología aportará a la jornada tiempo que los profesores podrán usar con los tres tipos de enfoque: conciencia de uno mismo, atención en los otros y comprensión de los sistemas en su sentido más amplio y de cómo se aplican en nuestra vida. Gracias a este diálogo con Peter, he cambiado de opinión: ahora soy un firme defensor de la tecnología y el aprendizaje... ¡no precisamente para la transmisión del SEL! Creo que en este caso es mejor el cara a cara.

IDENTIFICACIÓN DE SISTEMAS

Esto nos lleva al tercer enfoque: el conocimiento de los sistemas. Dondequiera que estemos hay sistemas en funcionamiento. La familia es un sistema; la escuela, otro; lo mismo que el patio de recreo. Cada organización funciona como un sistema, aunque quizá no seamos conscientes de ello. Aun así, podemos aprender cuáles son las dinámicas de los sistemas y llegar a ser más intencionales respecto a cómo nos determinan, y cómo los determinamos nosotros en correspondencia.

Tal vez el principal problema sistémico que afrontamos es el «Dilema del Antropoceno». Los geólogos denominan a esta época «era antropocénica», en el sentido de que, por primera vez en la historia, las acciones de una especie, la humana, forman ahora parte del modo de funcionamiento del sistema Tierra en su conjunto. Y lo más importante es que los sistemas de mantenimiento de la vida en el planeta están degradándose poco a poco debido a diversos efectos secundarios imprevistos de nuestras acciones. Esta degradación provocada por el ser humano comenzó con la Revolución Industrial, y en los últimos cincuenta años ha experimentado una aceleración enorme.

Desde el punto de vista de la ciencia cerebral, el dilema es el siguiente: nuestro cerebro está concebido para sobrevivir en eras geológicas más tempranas, no para la nueva realidad antropocénica. El sistema de alarma del cerebro nos avisa solo cuando percibe una amenaza inmediata, y los cambios actuales en los sistemas planetarios son o bien demasiado macro, o bien demasiado micro para nuestros sistemas perceptuales. Como no notamos enseguida y de forma ostensible las consecuencias negativas de nuestros hábitos cotidianos —el modo en que los sistemas de construcción, energía, transporte, vivienda, industria o comercio dañan los sistemas de mantenimiento de la vida en el planeta—, resulta fácil pasarlos por alto sin más o hacer como si no estuvieran produciéndose.

Me encantaría ver una educación que incluyera cierto conocimiento de todo esto, a fin de que los niños crecieran tomando mejores decisiones que la generación actual de adultos. En la actualidad, dejamos de lado las opciones que hemos de plantearnos, sobre todo debido a que están determinadas por los sistemas creados por nosotros y que hacen funcionar nuestra vida diaria. Para tomar mejores decisiones, primero hemos de identificar y pensar en estos sistemas.

Pensemos en Mau Paulig, que nació en una pequeña isla del sur del Pacífico allá por la década de 1930. Paulig fue el último «navegante celestial» vivo. De su padre y de otros maestros de la navegación celestial aprendió a pilotar una canoa polinesia desde, pongamos, Tahití hasta Hawái sin ninguna ayuda artificial de navegación. Lo que hacía era interpretar los postes indicadores de la naturaleza: los vientos, las nubes, las algas, los peces, los olores. Buena parte de lo que percibía le revelaba algo importante que podía combinar con otras señales para saber adónde se dirigía.

Unos años antes de morir, Paulig fue capaz de transmitir ese conocimiento a un grupo de jóvenes polinesios que impulsaban un renacimiento cultural en el sur del Pacífico. Si hubiera muerto sin hacerlo, sus destrezas especiales habrían desaparecido de la Tierra. Ahora perduran.

Quizás estemos en una posición análoga con respecto a nuestros hijos. Creo que hemos de preservar las destrezas humanas básicas del autoconocimiento, de la autogestión, de la sintonización con otras personas, del trabajo conjunto o de la comprensión de los sistemas en los que nos desenvolvemos. Aunque las tecnologías sofisticadas no sustituirán a estas habilidades, podrán, efectivamente, mejorarlas si tenemos el tino de moldearlas a tal fin.

Con un conocimiento más profundo de los sistemas, cimentado en la atención, la conciencia plena y el afecto, los estudiantes actuales vivirán su vida mejor preparados para tomar decisiones buenas para ellos, beneficiosas para los demás y útiles para el planeta.

PARTE 4

COMPRENSIÓN DEL MUNDO EN SU SENTIDO MÁS AMPLIO: PENSAMIENTO SISTÉMICO E INTELIGENCIA SISTÉMICA

Peter Senge

Como ha señalado Dan, dondequiera que estemos, siempre formamos parte de algo más grande, tanto si somos niños jugando en el patio como si somos adultos intentando crear un negocio próspero, una escuela o una iniciativa social. Por ejemplo, Dan comentaba la importancia de la ejecución efectiva en la determinación del impacto de los programas SEL en niños y profesores. Pero ¿qué es la «ejecución efectiva» aparte de la coordinación efectiva de objetivos y actividades entre un número amplio de personas? Para que el SEL dé resultado necesitamos un currículo bien elaborado y factible, pero también estructuras de apoyo, como una buena formación para ayudar a los profesores a desarrollar destrezas nuevas, una buena preparación para llevar estas destrezas a aulas exigentes, y sólidas redes de profesores para respaldarse unos a otros en el proceso. Además, nada de esto es susceptible de arraigar a menos que la cultura global y las prioridades de la escuela estén alineadas. Por ejemplo, ¿están mejorando los profesores y administradores en el trabajo conjunto y la resolución de conflictos en contraposición con taparlos y esperar a que los resuelva el «jefe» (es decir, el director)? En resumidas cuentas, la ejecución efectiva es, indiscutiblemente, ¡un problema sistémico!

Además, como nos recuerda Dan, estamos siempre actuando dentro de sistemas sociales y biológicos más amplios. La escuela utiliza energía y montones de *inputs* materiales, desde comida y embalajes hasta libros y ordenadores. El modo en que se genera esta energía (combustibles fósiles o renovables) y lo que pasa con todo el «material» tras ser utilizado (reciclado o arrojado a vertederos) afecta a los sistemas vivos de la zona y más allá. Aprender a captar y mejorar estos sistemas también puede ser una dimensión pertinente y estimulante del proceso educativo en su conjunto.

La interdependencia no es solo una característica de la economía global de la actualidad. La naturaleza cambia sin cesar y está infinitamente interconectada, como sabe cualquier sociedad indígena o agraria. Nuestra especie ha evolucionado en el seno de esta interdependencia. Por tanto, es lógico pensar que tenemos ciertas capacidades innatas para entender la interconectividad, y que las culturas que perduraron largos períodos de tiempo lo entendieron. Igual que nuestras necesidades de cazar y evitar ser cazados desarrollaron circuitos cerebrales para avisarnos de amenazas repentinas en el entorno, también estamos sintonizados con la sutil interacción de los ciclos naturales a largo plazo, aunque, en la sociedad moderna, esta capacidad está en gran parte sin desarrollar.

Hay que promover la inteligencia sistémica innata, igual que las capacidades innatas para comprender el yo y al otro. Durante milenios, nuestro «profesor» para el conocimiento de los sistemas fue el mundo vivo. Aprender a cazar significaba aprender a interpretar las numerosas señales del bosque. Aprender a cultivar la tierra significaba aprender a gestionar el suelo y el agua, y a trabajar con arreglo a los flujos y reflujos siempre cambiantes de las estaciones. Y, como nos recuerda la historia de Mau Paulig, aprender a ser un navegante celestial significaba aprender tipos de conocimientos que, en las sociedades actuales, pocos de nosotros sabemos siquiera apreciar. Esta comprensión de los sistemas de la naturaleza sentó las bases del conocimiento de los sistemas sociales. Como se dice en muchas culturas indias americanas, «nuestra primera relación es con la Madre Tierra; todas las demás están determinadas por esta».

Lo que en la actualidad ilusiona especialmente es que dos décadas de investigación aplicada y práctica educativa innovadora están comenzando a poner de manifiesto la profundidad y la solidez de esta inteligencia sistémica autóctona. No solo es factible el desarrollo de inteligencia sistémica, sino que además esta parece estar conectada con las otras dos inteligencias examinadas aquí. Aunque la correspondiente investigación cerebral va rezagada en cuanto a la comprensión del yo y del otro, es razonable conjeturar que las tres inteligencias se deben a las mismas capacidades para gestionar la atención. Igual que la percepción del peligro genera adrenalina y concentra la atención en posibles fuentes inmediatas de amenaza, también se desarrolla la capacidad para ralentizar el ritmo y ser más conscientes de nuestro escenario más amplio —desde el punto de vista interno y externo— cuando nos sentimos seguros y accedemos a una conciencia más holística del momento presente.

Actualmente, muchas escuelas están demostrando que, con herramientas sencillas y una pedagogía innovadora, es posible liberar esta inteligencia sistémica en gran medida desaprovechada. Esto no solo enriquece la atención del SEL al yo y al otro, sino que se extiende de forma natural a un mayor conocimiento de los sistemas que sustentan una gran cantidad de disciplinas académicas, desde la física y la química hasta la historia y los estudios sociales. Si se hace bien, cultivar las capacidades de pensamiento sistémico incrementa también la sensación de eficacia de un alumno a la hora de abordar los numerosísimos desafíos medioambientales a los que nos enfrentamos en la actualidad.

COMPLEJIDAD DINÁMICA

Uno de los primeros problemas que se plantean cuando queremos comprender un sistema surge del modo en que causa y efecto, acción y consecuencia, se pueden conectar de formas no evidentes. Cuando era estudiante de ingeniería me explicaron que el giroscopio era un ejemplo arquetípico de complejidad dinámica. Este instrumento con ruedas giratorias interconectadas parece bastante simple. Sin embargo, si empujas una rueda hacia abajo, quizá se mueva en realidad hacia la izquierda, y si la empujas a la derecha, tal vez gire hacia arriba. Todo esto pasa debido a las consecuencias contraintuitivas de las leyes del movimiento giroscópico, un caso particular de los principios más generales del momento angular. De hecho, la mayoría de nosotros descubrimos estas leyes por experiencia directa cuando aprendimos que para montar bien en bicicleta teníamos que acelerar y girar en la dirección en que la bici estaba cayendo —exactamente lo contrario que al caminar—, para reducir la velocidad y evitar una caída inminente. En realidad, la causalidad no evidente de la complejidad dinámica está por todas partes.

Veamos el desconcertante efecto que tiene la demora en nuestro conocimiento de las relaciones sociales. Tuve una poderosa evidencia de este hecho cuando mis hijos eran muy pequeños y acudían a la guardería del MIT. Un día, a la salida del colegio, uno de ellos dijo: «Fulano es un estúpido.» Nos quedamos sorprendidos porque apenas unos días antes «fulano» era su amigo. Cuando le hicimos ver este hecho, respondió: «No, es un estúpido.» Al intentar entender este cambio súbito en la realidad de nuestro hijo, averiguamos que, naturalmente, había una explicación; siempre la hay. Por lo visto, aquel niño le había tirado arena a la cara o le había hecho algo que le había molestado mientras jugaban. Al cabo de tantos años no recuerdo los detalles, pero sí que mi hijo no veía ninguna relación entre el desgraciado episodio y sus propias acciones. El hecho de que unos días antes él hubiera dicho alguna cosa que acaso afectara a los sentimientos del niño, o que no hubiera compartido algo cuando debía, llevaba tiempo olvidado cuando el otro arremetió contra él. Así pues, la respuesta del niño en función de sus sentimientos heridos resultaba invisible para mi hijo. Fue una pequeña iniciación en el impacto de las demoras en las relaciones humanas. Sin darnos cuenta, herimos los sentimientos de otros con nuestras acciones, cuyas consecuencias se evidencian solo más adelante. Y esta demora no nos ayuda precisamente a entender que fuimos en parte causantes del mismo problema ante el cual reaccionamos después.

La primera vez que vi a diversos profesores innovadores abordar la complejidad dinámica fue cuando, hace veinte años, mi esposa, Diane, y yo visitamos en Tucson, Arizona, un instituto pionero en pensamiento sistémico. La historia de la escuela era una de estas fabulosas coincidencias que dejan huella. Por pura casualidad, un antiguo decano de Ingeniería del MIT que se había jubilado y vivía calle arriba entró un día tranquilamente en la escuela y dijo: «Chicos, en esta escuela deberíais dar pensamiento sistémico.» El caballero, Gordon Brown, famoso en la enseñanza de la ingeniería como pionero del currículo en este campo de base científica del MIT de la década de 1930, también resultó ser tutor de mi tutor, Jay Forrester, que había inventado el método de la «dinámica sistémica» que estudié yo. Cuando visitamos el centro cinco años después de que apareciera Gordon, vimos los enfoques del aprendizaje del pensamiento sistémico y del aprendizaje organizacional afín integrados en la mayoría de las clases, así como en la gestión de la escuela. Por lo que sé, nadie había hecho eso antes, y además, varios de los actuales paladines nacionales de esta disciplina se formaron en esta misma escuela.

De hecho, ese día entramos en una clase de ciencia de octavo y al instante notamos algo extraño: en la estancia no había profesor. Al parecer, un par de alumnos habían tenido cierto problema con una investigación en la biblioteca (¡sí, era la época en la que ibas a la biblioteca a hacer tus investigaciones!), y el profesor había ido a ayudarles. Lo primero que nos sorprendió es lo que no vimos. Estamos hablando de un curso de octavo... un aula de treinta y pico estudiantes de catorce años y ningún profesor. ¿Qué cabía esperar? Un caos, ¿no? Sin embargo, los chicos apenas parecían conscientes de ello. Como supimos luego, estaban todos trabajando en un proyecto de un año de duración sobre el diseño de un nuevo parque que se construiría al norte de la ciudad. Dondequiera que mirásemos, solo veíamos estudiantes sentados en grupos de dos o tres frente a sus nuevos ordenadores Macintosh, concentrados en un programa confeccionado por el profesor. No se trataba de una actividad extraacadémica; aquello formaba parte del currículo de ciencias de octavo. Toda su asignatura de ciencias, amén de otras muchas cosas, estaba entretejida en un proyecto de vida real, que concluiría cuando hicieran llegar sus sugerencias a los comisionados del parque a final de curso. Estaba claro que el conjunto del proceso enganchaba de veras a los alumnos.

También descubrimos cosas cuando dos chicos nos pidieron que nos acercáramos y les ayudáramos a resolver una disputa. Estaban trabajando en distintas alternativas para el trazado de los senderos; uno quería hacerlo de determinada manera, y el otro no estaba de acuerdo. Los caminos del primer chico pasarían por bellos parajes, lo cual, partiendo del modelo de simulación, comportaría más afluencia de público y, según sus cálculos, más ingresos. Pero allí cerca hay un viejo cementerio, objetaba el otro. Y aunque pudieran obtenerse más ingresos a corto plazo, aquel trazado de caminos podría ofender a muchas personas. Quizás a la larga provocaría una reacción en contra del parque, razonaba, e incluso una posible disminución de ingresos a largo plazo. De modo que ahí estaban, forcejeando con la complejidad dinámica de un problema muy real y descubriendo lo que en la actualidad los educadores sistémicos consideran los dos «hábitos de un pensador sistémico». Un pensador sistémico:

1. Identifica el impacto de las demoras al analizar las relaciones causa-efecto.
2. Localiza las consecuencias no deseadas.

Ahora recuerdo en especial aquella clase de ciencias, sobre todo porque fue la primera de tantas aulas sistémicas visitadas donde he visto las llamativas innovaciones pedagógicas que allí se plasman. El profesor de matemáticas de secundaria Rob Quaden describe de manera sucinta lo que supone para un docente este cambio a una mentalidad sistémica: «De una manera natural, empiezas a considerar el aula como un sistema, y al hacerlo ves que hay una sala llena de profesores, no solo uno de pie en el estrado.» Las clases de álgebra de octavo curso de Quaden se han convertido en una especie de meca para los profesores de mates innovadores, que asisten a las mismas para ver cómo Rob integra la educación social, emocional y matemática, a través de lo cual los chicos, en su mayor parte, se enseñan álgebra unos a otros. Al trabajar conjuntamente, «los alumnos suelen resolver problemas de maneras más interesantes y profundas que las que "cabría esperar" de un enfoque tradicional», añade.

La profesora de matemáticas de secundaria, Diana Fisher, otra precursora de la pedagogía del pensamiento sistémico, ha ganado premios por sus clases en los cursos de noveno a duodécimo sobre cómo desarrollar modelos propios de simulación de sistemas. «La clave está en ser receptivo a lo que los chicos quieren realmente aprender, y luego en creer que tienen la capacidad para generar verdaderas percepciones sobre cuestiones complejas que les interesan de veras, mucho más de lo que quizás el profesor puede asimilar.» A lo largo de los años, los alumnos de Fischer han creado sus propias simulaciones en diversos campos, desde la transición energética hasta la difusión de nuevas tecnologías.[7]

Hace años, una de las estudiantes de Fischer quería entender la adicción a las drogas debido a ciertas escenas familiares dolorosas que había presenciado. Como sabía lo importante que era para muchos alumnos el tema de la adicción, Fisher consiguió la ayuda de un profesor de la universidad local, Ed Gallaher, para crear una secuencia de herramientas de aprendizaje sistémico aplicado. Todo empezaba con un sencillo modelo de simulación de consumo de drogas que los estudiantes podían modificar, lo que culminaba en una simulación de adicción al alcohol en la que podían variar el género, el peso, el tipo de bebedor y otros factores con el fin de estudiar un fenómeno que para ellos era muy real.

Al cabo de unos años de iniciado este viaje, asistí a una conferencia de Fisher y Gallaher sobre dinámica de sistemas para profesionales. Gallaher comparaba los conocimientos de los estudiantes de instituto con los de medicina de segundo curso a quienes él daba habitualmente clase de farmacocinética (rama de la farmacología que estudia el modo en que las sustancias administradas por vía externa afectan a los organismos vivos)[8]. Aunque los alumnos de la Facultad de Medicina, decía Gallaher, tenían un conocimiento más exhaustivo de la literatura y la terminología técnica, los estudiantes de secundaria con formación sistémica tenían «un conocimiento mejor y más profundo de la dinámica de las drogas».

«Mis veinte años de experiencia docente en ciencias y matemáticas desde una perspectiva sistémica —dice Diana— me han demostrado una y otra vez lo mucho que subestimamos las capacidades de los estudiantes de secundaria. Se han pasado la vida oyendo a los adultos que les decían "hazlo así". Si les dejamos crear sus propios modelos, se liberan y muestran su inteligencia sistémica. Además acaban comprendiendo que las respuestas demasiado simplistas a problemas dinámicamente complejos no solo son engañosas, sino también a menudo contraproducentes.»[9]

COMPLEJIDAD SOCIAL

En el mundo de los sistemas sociales, el conocimiento de los problemas complejos se frustra debido a una segunda capa de complejidad: la presencia de personas y grupos distintos que en realidad ven el mundo desde ópticas diferentes. Esta complejidad social siempre aparece junto con la complejidad dinámica; lo que supone un reto para nuestro desarrollo tanto emocional como cognitivo.

En el vídeo que he utilizado más a menudo los dos últimos años salen tres niños de seis años sentados en torno a un pequeño diagrama, confeccionado por ellos mismos, sobre por qué se pelean en el patio. Están en una de las numerosas escuelas que actualmente abordan el pensamiento sistémico ya en las primeras etapas del aprendizaje. Como querían encontrar una solución a un problema muy real que tenían, un día llegaron del recreo y utilizaron una herramienta que les resultaba familiar: hicieron un dibujo de un bucle de *feedback* de refuerzo; en su caso, un círculo vicioso.

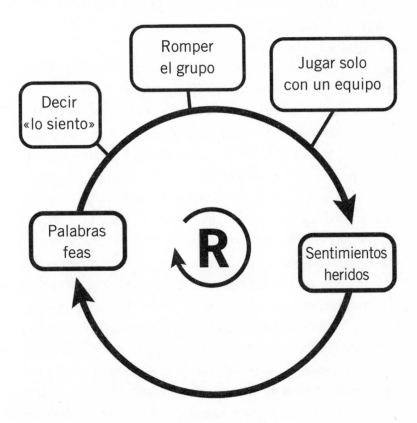

El esquema tiene dos variables clave: «palabras feas» y «sentimientos heridos» conectados en un círculo de tal modo que si aumenta uno, aumenta el otro. Cuando la profesora pasó por su lado, preguntó si podían explicar el diagrama y grabar sus explicaciones con el móvil. Todo fue así de espontáneo; en realidad, muy típico de lo que pasa en estas escuelas.

Uno de los niños empezó hablando así: «Primero, tenemos las palabras feas, [luego] los sentimientos heridos. A continuación hay una pelea, y acto seguido más palabras feas. Después tenemos más sentimientos heridos y más palabras chungas.»

Sin lugar a dudas, los chicos entendían la dinámica creciente generada por ese bucle de refuerzo.

Otro chico añadió esto: «Hemos pensado en todas las formas de romper ese bucle de refuerzo. Están tachadas [señalando puntos del diagrama donde habían puesto una cruz] porque... en realidad no funcionaban. Decir "lo siento" funcionaba más o menos. Pero esto aún no lo hemos probado [señalando otros sitios del bucle]. Así que la próxima vez que tengamos una pelea, lo intentaremos.»

Tras manifestar su parecer sobre «el modo más efectivo» de romper el círculo vicioso, un niño proclamó entusiasmado: «Si este bucle de refuerzo dijera "palabras bonitas" y "sentimientos bonitos", podríamos librarnos de esto y de lo otro [señalando diferentes partes del bucle del círculo vicioso], y convertirlo en algo que no esté mal, en algo que esté bien.»

Este último comentario empujó a otro a mostrarse de acuerdo con un tono conmovedor: «Si fuera un bucle de refuerzo bueno, no tendríamos todos estos problemas.»[10]

He mostrado este vídeo del sistema de los tres niños sobre palabras feas y sentimientos heridos a muchas personas, y les parece asombroso. En primer lugar, les sorprende la sofisticación conceptual de niños de seis años analizando maneras de intervenir en un sistema y buscando cambios de máxima eficacia. Segundo, se sorprenden ante la madurez emocional de los niños para distanciarse de una situación —donde sus capacidades de control emocional están siendo sin duda cuestionadas— y analizar sus opciones. Por último, ven que estos niños han transformado una situación llena de complejas emociones de culpa y enfado en otra en la que trabajan conjuntamente para hallar una solución; precisamente el trabajo en equipo que los educadores del SEL aspiran a promover.

Lo que muy pocos advirtieron en el vídeo es el sutil giro en la comprensión de cómo producir realmente un cambio sistémico. Como es obvio, alguien (por ejemplo, un profesor) podía intervenir e interrumpir las peleas de los chicos diciéndoles simplemente que debían comportarse de otro modo. Pero la acción efectiva, como captaron los niños, radicaba en cambiar todo el proceso de percepciones y las acciones de refuerzo recíproco. A tal fin, han de aprender a reflexionar sobre la totalidad de este proceso, hacer aflorar y someter a prueba sus suposiciones, identificar y probar distintas opciones, entender qué pasa y continuar con el aprendizaje. Se trata de un sofisticado proceso de aprendizaje mutuo, que conlleva cambios en el modo de percibir y comportarse, posibilitado por un sentido de asociación de responsabilidades para con una situación compleja. No obstante, en el vídeo observamos que, en estos niños, esta comprensión de cambio profundo surge de forma natural. Con independencia de si las personas aprecian del todo lo que ven en el vídeo, no se les escapa su importancia. Siempre hay alguien que hace este comentario: «¿Podemos llevar este vídeo a Washington y enseñárselo a los miembros del Congreso?»

Tras ver el profundo aprendizaje evidente en el vídeo, la gente suele preguntar si eso también se cumple en el caso de los niños más normales, no solo en el de los superdotados, que es como se considera a los tres citados. Entonces yo puntualizo que los tres niños no tienen nada de especial, aparte de la «singularidad» de *todos* los niños. Concretamente, la escuela a la que iban esos tres está en un entorno urbano bastante pobre, con un elevado porcentaje de alumnos que toman el almuerzo gratis o a precio reducido.

Cuando los estudiantes de más edad aprenden a valorar niveles superiores de complejidad social, esto no solo aumenta su conocimiento sino que también acentúa su empatía en el contexto de cuestiones sociales muy reales, cualidad que actualmente, por desgracia, se echa en falta demasiado a menudo. Hace unos años visitamos un instituto de Arizona donde un grupo de alumnos de octavo nos explicó su proyecto de curso. Tras haber practicado todo el año los «hábitos de un pensador sistémico», fueron invitados a escoger un tema controvertido que estarían dispuestos a tener en cuenta al utilizar uno de los hábitos, «cambia las perspectivas para incrementar el conocimiento». Y resulta que muchos eligieron la nueva y polémica ley antiinmigración ilegal que exigía a las personas llevar encima su carné de identidad como prueba de ciudadanía y autorizaba a la policía a parar a la gente en la calle y pedirle la identificación. Pero claro, la escuela tenía un alto porcentaje de latinos, por lo que se trataba de un problema muy real para los estudiantes, no solo los latinos sino también los de origen anglosajón, que se preocupaban por sus amigos de otras latitudes y sus familias.

Mientras escuchábamos a los alumnos explicar sus percepciones del proyecto, nos sorprendió ver que muchos de ellos trazaban un arco parecido en su modo de pensar. Prácticamente todos decían que cuando iniciaron el proyecto sabían exactamente lo que pensaban de la ley. Sabían lo que estaba bien y lo que estaba mal. Tenían opiniones muy firmes. A continuación salieron a la calle y entrevistaron a muchas personas diferentes y empezaron a ver que el asunto era más complejo de lo que imaginaban al principio. Al final, permanecieron fieles a su idea, pero también comprendieron que había otros puntos de vista. Se dieron cuenta de que los demás podían tener opiniones firmes y diferentes y no estar locos.

El grupo de visitantes acabó realmente conmovido por todo aquello. Estaba claro que aquellos jóvenes habían afrontado de veras la complejidad de un problema muy difícil. Al marcharnos, el primer comentario que oí fue este: «¿No es eso lo que debería ser la democracia? La sociedad se enfrenta a cuestiones verdaderamente complejas. Todos podemos reivindicar nuestra postura y defenderla hasta la muerte, utilizándola contra cualquiera que no coincida con nosotros. O podemos reconocer la legitimidad de enfoques distintos e intentar valorar cómo la gente ha llegado a ellos, en vez de vilipendiarlos o demonizarlos solo por discrepar de los nuestros. Quizá no estemos de acuerdo unos con otros, pero sí podemos respetarnos y aprender unos de otros.» Esto suscitó una idea potente que había oído yo años atrás manifestar a la legendaria educadora Deborah Meier: «Si los niños no aprenden democracia en la escuela, ¿dónde la aprenderán?»

LOS HÁBITOS DE UN PENSADOR SISTÉMICO

Como observador y colaborador de los maestros educadores que llevan ya dos décadas promoviendo esta iniciativa, considero que el descubrimiento más importante es lo que estamos aprendiendo de la inteligencia sistémica innata de los estudiantes. Al parecer, está presente desde una edad temprana y, si la cuidamos, puede desarrollarse hasta tener un alcance y una profundidad sorprendentes en los alumnos de más edad. En cualquier caso, la clave de esta evolución son los instrumentos adecuados —con arreglo al desarrollo— que permitan a los alumnos articular y crear su inteligencia sistémica, sean simples herramientas visuales, como el bucle de *feedback* de refuerzo utilizado por los niños de seis años, sea el *software* para construir modelos dinámicos de simulación en la enseñanza secundaria. Existe una interacción natural de las herramientas y las destrezas. Como dice el viejo refrán, «necesitas martillos para hacer casas, pero también para hacer carpinteros». Sin herramientas utilizables, esta inteligencia sistémica innata languidece, lo mismo que le pasaría a la inteligencia musical si a los niños no se les proporcionara nunca ningún instrumento para interpretar música.

En realidad sería peor, desde luego, pues, aparte de eso, en segundo o tercer curso esos niños empezarían a estar inmersos en el tradicional proceso académico de temas separados y desconectados y sometidos a la presión de realizar tareas asignadas por el profesor en lugar de comprender los problemas de la vida real. Como pasa con todas las demás inteligencias, si la sistémica no se desarrolla, se atrofia. Por tanto, no es de extrañar que, en el caso de la mayoría de los niños, haya cada vez menos evidencias de esta inteligencia sistémica innata a medida que van adentrándose en la educación tradicional.

Es por eso por lo que uno de los principales avances de los últimos veinte años es el desarrollo de un juego completo de estas herramientas básicas, creado por profesores innovadores del currículo pre-K-12 [K, *kindergarten*, jardín de infancia, 4-6 años; 12, curso 12.°, 17-19 años].[11] Hace poco, diversos educadores han estado organizando estos instrumentos en torno a los trece hábitos del pensador sistémico mencionados antes —con instrumentos diferentes para desarrollar cada hábito—. Vemos a continuación los que aparecen ilustrados en las historias anteriores, además del conjunto entero.[12]

HÁBITOS DEL PENSADOR SISTÉMICO

- Reconoce la importancia de las demoras cuando explora relaciones causa-efecto (p. ej., los alumnos de ciencias de secundaria analizando las consecuencias a corto y largo plazo de sistemas alternativos de senderos en el nuevo parque).

- Localiza las consecuencias no deseadas (p. ej., cuando los estudiantes de ciencias de secundaria advirtieron los posibles efectos secundarios de un sendero que generaba más afluencia de público pero también pasaba cerca de un viejo cementerio).

- Cambia las perspectivas para incrementar el conocimiento (p. ej., los alumnos de octavo y su análisis de cuestiones polémicas en su comunidad).

- Identifica la naturaleza circular de relaciones complejas de causa-efecto (p. ej., los niños con el proceso de refuerzo «palabras feas-sentimientos heridos»).

- Reconoce que la estructura de un sistema determina su conducta (p. ej., los modelos de simulación de estudiantes de secundaria para entender cómo interaccionan las drogas con el sistema inmunitario).

- Utiliza el conocimiento de la estructura sistémica para identificar acciones de máxima eficacia (p. ej., los cambios utilizados por los niños en su diagrama «palabras feas-sentimientos heridos»).

- Hace aflorar y somete a prueba suposiciones (evidentes en los niños, en las clases de ciencias de secundaria y en los alumnos de octavo —último— curso).

- Verifica resultados y modifica acciones si es preciso: aproximación sucesiva (p. ej., los niños intentando diferentes intervenciones «la próxima vez que empiece una pelea»).

- Procura captar el cuadro completo (todos estos ejemplos).

Procura captar el cuadro completo	Observa cómo los elementos de los sistemas cambian con el tiempo, generando patrones y tendencias	Reconoce que la estructura de un sistema genera su comportamiento

Identifica la naturaleza circular de las relaciones complejas causa-efecto	**Hábitos de un pensador sistémico**	Cambia perspectivas para incrementar el conocimiento

Hace aflorar y somete a prueba supuestos		Analiza una cuestión del todo y se resiste a llegar a una conclusión precipitada

Tiene en cuenta cómo los modelos mentales afectan a la realidad actual y al futuro	Utiliza el conocimiento de la estructura sistémica para identificar posibles acciones de máxima eficacia/influencia	Tiene en cuenta las consecuencias de las acciones tanto a corto como a largo plazo

Localiza las consecuencias no deseadas	Identifica el impacto de las demoras al examinar las relaciones causa-efecto	Verifica resultados y cambia acciones si es preciso: «aproximación sucesiva»

Los hábitos del pensador sistémico están ayudando a los educadores a llevar un marco global coherente a una disciplina que tiene muchos pioneros en diversos escenarios escolares. En la actualidad estamos dando fe de que ideas como ver el cuadro completo, identificar círculos de causalidad, comprender que la estructura de un sistema produce su conducta o reconocer las ventajas de examinar los problemas desde diferentes perspectivas pueden ayudar a los educadores a centrarse en destrezas de pensamiento más profundas prácticamente en todos los currículos y edades.

Las consecuencias actitudinales de cultivar la inteligencia sistémica son igual de importantes. Constantemente, los profesores y alumnos refieren un gran sentido de eficacia —en particular, la sensación de que pueden influir en situaciones difíciles en las que antes se sentían impotentes—. Por ejemplo, cuando un año después de haber sido filmado conocí por fin a uno de los niños de las «palabras feas-sentimientos heridos», le pregunté: «¿Cómo os lleváis ahora los tres?» A lo que él respondió: «Oh, ahora somos grandes amigos.»

En última instancia, lo que podría estar en juego es nuestra eficacia colectiva, nuestra capacidad para afrontar los abrumadores problemas que tenemos como sociedad y como especie. A mi juicio, la labor de los innovadores educadores en el SEL y los sistemas a lo largo de las dos últimas décadas es una fuente de esperanza en una época en la que es fácil desesperarse. Como especie, los seres humanos no somos precisamente rápidos en comparación con otras especies. Ni particularmente fuertes. Cabría preguntarse, entonces, cómo es que hemos llegado tan lejos desde una perspectiva evolutiva. Creo que una de las razones por las que hemos sobrevivido tanto tiempo es que contamos con inteligencia sistémica innata y capacidad para colaborar, que valoramos lo que hace falta para hacer cosas juntos y crear comunidad. El tipo de educación que estamos describiendo aquí se basa en estas facultades innatas y pone de manifiesto que pueden beneficiar realmente a los estudiantes y a la sociedad actuales.

PARTE 5

POTENCIAL ASOCIACIÓN ENTRE EL APRENDIZAJE SOCIAL Y EMOCIONAL (SEL) Y LA EDUCACIÓN SISTÉMICA

PETER SENGE y DANIEL GOLEMAN

Cuanto más entendemos el proceso de desarrollo de la inteligencia sistémica, más vemos las estrechas conexiones entre comprender el yo, comprender al otro y comprender los sistemas más amplios a los que todos pertenecemos. Esto sugiere grandes posibilidades para la asociación entre educadores del SEL y educadores sistémicos. Estamos empezando a entender lo conectadas que están verdaderamente estas tres inteligencias, así como las sinergias que pueden desarrollarse en su integración.

Por ejemplo, los pensamientos del SEL y los sistémicos tienen una sinergia única cuando se trata de mejorar la toma de decisiones personales; quinto objetivo de los programas SEL, y lo que todos los padres quieren para sus hijos. Como revelan numerosas investigaciones, las herramientas de la conciencia de uno mismo y la autogestión que ofrece el SEL potencian la eficiencia cognitiva de todo tipo: si un niño es capaz de calmar sus emociones alteradas, puede pensar en sistemas con más claridad. Por su parte, la empatía y los instrumentos sociales del SEL vuelven a los alumnos receptivos ante las perspectivas y los sentimientos de los demás, y entonces pueden tener más en cuenta a la otra persona. Si combinamos esto con las percepciones sistémicas que posibilitan un conocimiento más exhaustivo de la dinámica humana, obtenemos los constructos e instrumentos adecuados para una mejor toma de decisiones interpersonal, sea cuestión de manejar un acoso escolar o de hacer algo si no nos han invitado al baile del instituto.

En otro ejemplo vimos que fomentar el afecto entre los estudiantes y en el conjunto de la escuela es un nuevo e importante paso del SEL. Pero la capacidad para preocuparnos por los demás y la conciencia sistémica están interconectadas. En cierto sentido fundamental, toda la ética se basa en ser consciente de las consecuencias de las acciones. Si no veo el efecto de mis acciones en los demás, no veo opciones éticas. Por ejemplo, el hijo pequeño de Peter no era consciente de las consecuencias de sus actos en la relación con un amigo. Por consiguiente, no lo percibía como una cuestión ética de su conducta. Observamos que cuanto más se empapan los niños de pensamiento sistémico, más expresan su predisposición innata a preocuparse por los demás en una escala cada vez mayor, tanto si se trata de calcular el agua que se consume en la escuela en una región con escasez de recursos hídricos como si es cuestión de compartir la comida del jardín de infancia con su familia.

Según nuestra experiencia, el punto ciego en el modo de enfocar la ética es la conciencia. Einstein expresó a las mil maravillas esta conexión entre el afecto y el fomento de la inteligencia sistémica:

Un ser humano es parte de un todo, que llamamos «universo», una parte limitada en el tiempo y el espacio. Se experimenta a sí mismo, sus pensamientos y sentimientos, como algo separado del resto, una especie de ilusión óptica de la conciencia... Nuestra tarea consiste en liberarnos de esa prisión ampliando los círculos de compasión para abarcar a todas las criaturas y al conjunto de la naturaleza en su belleza.[13]

Una segunda área potencial de sinergia podría ser un replanteamiento del potencial y el desarrollo cognitivo de los niños. Los hallazgos de los últimos diez años o así, sobre todo en trabajos con niños pequeños, suscitan algunas dudas importantes para las ideas establecidas de la «escalera cognitiva», que sitúa destrezas como la síntesis en lo alto, presuponiendo que eso es lo que los alumnos aprenderán en la universidad o en la escuela de posgrado. Quizás algunos educadores más inteligentes consideren que la síntesis es una capacidad cognitiva para estudiantes de secundaria avanzados. Pero entonces, ¿cómo interpretamos el caso de los niños de seis años y su bucle de *feedback* de refuerzo «palabras feas-sentimientos heridos», o innumerables ejemplos de niños muy pequeños que captan la complejidad, incluso en edad preescolar?

Nos da la impresión de que, como saben muchos educadores actuales, la escalera cognitiva estándar está más determinada de lo que parece por la tendencia reduccionista de la teoría occidental del conocimiento, la cual fragmenta, descompone temas complejos en pedazos cada vez más pequeños. Por esta razón, en la sociedad moderna un «experto» es literalmente alguien que sabe mucho sobre poco. Al reduccionismo le acompaña una propensión al análisis por encima de la síntesis, a estudiar los trozos de forma aislada o analizar los problemas dentro de límites académicos arbitrarios, como ocurre con la separación entre matemáticas y estudios sociales o entre economía y psicología. Esta tendencia a la fragmentación y al análisis se evidencia en la evolución típica —incrustada en los currículos estándar— hacia temas definidos de manera más limitada, lo que se mantiene hasta la universidad.

Sin embargo, si partimos de la idea de que en el universo todo es interdependiente —algo fundamental en un campo como la física cuántica— y de que todos los seres humanos contamos con esta inteligencia sistémica innata, entonces tenemos una escalera cognitiva distinta, más bien una espiral. Nos basaríamos en la idea de que el pensamiento real conlleva conocer tanto la interdependencia como los elementos individuales: síntesis *y* análisis. A continuación integraríamos movimiento junto a estas dos dimensiones con una evolución del desarrollo a lo largo del tiempo. Para la síntesis, esto acaso signifique avanzar desde una «sensación sentida» de interdependencia, como en el caso de la inteligencia sistémica personificada de ir en bicicleta por una superficie irregular con gente alrededor, hasta representaciones o modelos abstractos cada vez más complejos.

Por ejemplo, el simple bucle de *feedback* de los niños de seis años da paso a diagramas sistémicos más complejos para preadolescentes y adolescentes sobre el «drama de la relación» y los efectos interactivos de los estereotipos de género, los grupos de colegas y las ansiedades personales.[14] En medio de la adolescencia, los estudiantes son capaces de crear y analizar modelos bastante complejos, como los del instituto de Diana Fisher con sus simulaciones de adicción a las drogas y al alcohol. Por tanto, esta espiral reconocería el análisis y la síntesis como modalidades cognitivas desde los primeros años y avanzaría por etapas de representaciones —cada vez más elaboradas— de complejidad dinámica (número de variables, interconexiones y dinámicas causales cada vez más complejas con múltiples demoras) y un conocimiento cada vez más sofisticado de la complejidad social (por ejemplo, reconocer la diversidad de partes implicadas y sus intereses).

No obstante, integrada con esta espiral de capacidades cognitivas debería haber entrelazada una segunda espiral de capacidades emocionales. Por ejemplo, con el sencillo modelo de peleas en el patio, los niños exteriorizan y desarrollan su capacidad para la empatía y la conciencia social. Y el estudio de los alumnos de octavo sobre la ley sobre inmigración ilegal lleva esta madurez emocional a un nuevo nivel de empatía hacia quienes habían considerado causantes de dolor a seres queridos. Para los educadores sistémicos y del SEL, trabajar en una nueva teoría así sobre el desarrollo cognitivo-emocional sería una gran tarea de colaboración.

Creemos estar al principio mismo del replanteamiento de nuestras ideas sobre el desarrollo humano de un modo más integrador: cognitivo (cerebro frontal/lóbulos frontales), emocional (sistema límbico y cerebro de los mamíferos), espiritual y dinámico (que cabría incrustar en el conjunto del sistema mente-cuerpo más que en circuitos concretos). Una y otra vez, observamos que una de las experiencias más intensas de los educadores sistémicos y del SEL de todas partes es que las verdaderas posibilidades de los estudiantes superan en mucho lo que el actual sistema educativo convencional, con su énfasis en el desarrollo estrictamente cognitivo y la preferencia del análisis a la síntesis, está diseñado para generar. En este sentido, es un sistema que «rebaja el nivel» de estas capacidades innatas.

Conviene recordar que en el modelo fabril heredado de la Revolución Industrial, la escuela nunca se propuso aprovechar ni fomentar este potencial innato. Nunca se ocupó de cultivar seres humanos: estaba concebida para formar trabajadores fabriles en masa. Aunque en la realidad de nuestros alumnos ha cambiado casi todo desde que se puso en marcha este modelo hace doscientos años, el diseño básico de la escuela se ha ajustado de forma solo cuantitativa, no cualitativa. Aún tenemos cursos establecidos (curso 1, 2, y así hasta el 12) que la mayoría de los alumnos van recorriendo en masa, con directrices curriculares rígidas respaldadas supuestamente por profesores expertos.[15] En la actualidad, nos encontramos al borde de una innovación fundamental y, mediante las lentes combinadas de la labor sistémica y el SEL, estamos viendo cómo podría producirse dicha innovación.

Una tercera sinergia importante entre el pensamiento sistémico y el SEL tiene que ver con la transformación de la pedagogía y la cultura de la escuela. Por ejemplo, una clave para hacer *factible* esta visión espiral del desarrollo cognitivo-emocional en escenarios educativos reales es el respeto profundo. No intentemos enseñar a los niños algo que para ellos no tenga sentido, que no esté conectado de alguna manera con su vida. Sin embargo, por desgracia este es todavía el modus operandi en el 80-90 por ciento de los planes de estudio. En cambio, estudiantes de todos los niveles consideran que el SEL es convincente porque les ayuda a afrontar directamente las cuestiones que más les importan: el acoso escolar, las amistades, llevarse bien con los demás y cosas por el estilo. Del mismo modo, para los tres niños sus peleas en el patio constituían uno de los problemas más importantes de su vida en esta etapa de su desarrollo. ¡Imagínate que intentamos «enseñarles» las mismas lecciones sobre bucles de *feedback* de refuerzo y cambio sistémico en una clase teórica!

Un descubrimiento habitual es que no se puede llevar a cabo el SEL efectivo ni la educación sistémica efectiva mediante la pedagogía tradicional, en la que los profesores se plantan delante de la clase y reparten información. Cuando cualquiera de los dos se hace bien, se pone un énfasis natural en las lecciones basadas en la experiencia, así como en el aprendizaje basado en proyectos, el aprendizaje mediante la acción y el aprendizaje cooperativo, con los alumnos profundamente implicados en cuestiones importantes en su vida y asumiendo la responsabilidad de su propio aprendizaje. Se trata de estrategias didácticas conocidas por la mayoría de los educadores, que pueden ser efectivas en una gran variedad de edades y contenidos académicos. No obstante, aún suponen más la excepción que la norma, debido en gran medida a que los educadores conocen los conceptos pero no dominan su aplicación práctica, o a que las limitaciones de casi todas las culturas educativas inhiben en ellos la creación de estas capacidades.

Creemos que, para los responsables de la innovación en el SEL y la educación sistémica, un magnífico proyecto conjunto sería trabajar en una serie común de principios pedagógicos como:

- Respetar la realidad y el proceso de comprensión del alumno.
- Centrarse en cuestiones reales para el alumno.
- Permitir a los estudiantes construir sus propios modelos, crear y someter a prueba sus propios métodos para la comprensión de los problemas.
- Trabajar y aprender juntos.
- Centrarse en la acción y el pensamiento; cómo hemos de *actuar* o *comportarnos*, no solo *pensar*, de forma distinta.
- Crear en los alumnos la capacidad para ser responsables de su propio aprendizaje.
- Estimular la dinámica colectiva, en la que los estudiantes se ayudan unos a otros a aprender.
- Reconocer que los profesores diseñan, facilitan y toman decisiones (no solo «transmiten currículos»). Esto requiere que tengan un buen conocimiento de los contenidos y que estén continuamente progresando mediante redes sólidas de aprendizaje cooperativo.

En pedagogía, centrarse en la innovación real no excluye la atención a las destrezas, el currículo o los principios generales. Tal como señalaba Dan con respecto a la conexión entre el SEL y el rendimiento académico; se trata más bien de crear estrategias efectivas para alcanzar objetivos educacionales de carácter global.

No obstante, estos principios pedagógicos solo constituyen la mitad de la historia. Por encomiables que sean, no serán seguidos de manera amplia y efectiva hasta que vayan acompañados de principios de puesta en práctica.

Roger Weissberg, director fundador de Colaboración para el Aprendizaje Académico, Social y Emocional (CASEL, por sus siglas en inglés), ha dicho a menudo que el aspecto más importante —pero también más desatendido— del SEL es su ejecución o puesta en práctica. En el Reino Unido, el Ministerio de Educación ordenó en 2003 que se implantara en las escuelas un programa llamado «Aspectos Sociales y Emocionales del Aprendizaje» (SEAL, por sus siglas en inglés).[16] Para empezar, se trataba de algo impuesto desde arriba; por otro lado, no a todos los directores de escuela ni docentes les gustaba, ni tampoco había un plan de estudios estándar. Quizá como cabía esperar, en un estudio sobre la eficacia del programa se observó que, en términos generales, el SEAL no ayudaba demasiado a los niños. En cualquier caso, había muchas diferencias en cuanto a los resultados: algunas escuelas los tenían muy buenos, y otras, muy malos.

Y además, un factor importante del éxito del programa parecía ser el modo de llevarlo a la práctica. No se trata solo de contar con un currículo extraordinario que contribuya al éxito del SEL, sino de que todos los implicados lo entiendan, lo plasmen y lo enseñen con eficacia. Esto es cambiar la cultura de la escuela.

Más allá de los programas propiamente dichos, llevar el SEL a la escuela requiere ayudar a los profesores a prepararse bien para así poder encarnar lo que van a enseñar. También hemos de involucrar a los padres todo lo posible; los mejores programas SEL tienen un apartado dedicado a los padres.

Entre el aula y el hogar familiar existe un flujo natural

de doble sentido. Si los niños aprenden una técnica de, digamos, autogestión, seguramente llevarán a casa las lecciones de la escuela —por ejemplo, «mamá, estás empezando a alterarte, deberías respirar hondo unas cuantas veces»—. Este tipo de informes de la familia son habituales, pues el muro entre la escuela y el hogar es en cierto modo ficticio. Un niño vive en un mundo integrado, no en partes subdivididas. Y lo que aprende en un sitio lo lleva a otro de forma natural, dondequiera y cuando quiera que sea aplicable.

Una de las mejores prácticas del SEL consiste en implicar a los padres todo lo posible. De este modo, lo que aprenden los niños en la escuela se ve reforzado y respaldado por las personas más importantes para ellos: su familia.

Según una sencilla regla general, cuanto más innovas realmente, cuanto más estiras la norma, más debes involucrar a los padres, sobre todo por dos razones. Una es que los padres pueden o bien sentirse muy amenazados, o bien acabar realmente implicados. La segunda es que los niños no viven en la escuela. Para respetar de veras el mundo del niño, has de tender la mano. Te des cuenta o no, en realidad no estás educando a niños sino a familias.

Las raíces de nuestros problemas con la puesta en práctica son profundas; comienzan con la formación académica de los educadores, quienes en la universidad y las escuelas de posgrado aprenden la teoría que a continuación se supone que han de «llevar a la práctica». Sin embargo, esta idea fragmentada se contradice con el modo en que aprendemos todos. No aprendimos a andar yendo primero a clases, ni estudiamos la teoría del movimiento giroscópico para aprender a montar en bici. Nuestro aprendizaje se ha desarrollado en una repetición continua entre pensamiento y actuación. Esta fragmentación de la teoría y la puesta en práctica tiende a convertir la segunda en una especie de minucia en comparación con el más elegante trabajo de la primera; una idea planteada por Douglas MacArthur, el famoso general del ejército de Estados Unidos, cuando dijo: «La táctica es para los aficionados; los profesionales estudian la logística.»

La puesta en práctica es difícil. Por ejemplo, casi todo el mundo defiende la idea de que la educación ha de ser más significativa, atractiva y profunda para todos los estudiantes. Aunque estamos de acuerdo, estos objetivos son escurridizos, pues pocos reconocen la profundidad de los cambios necesarios para alcanzarlos.

El conocimiento necesario empieza con el reconocimiento de que el cambio sistémico es un viaje personal. Los mismos profesores que enseñan satisfactoriamente de esta manera, suelen pasar por profundos procesos de aprendizaje y cambio. Casi todos han interiorizado sus modelos de enseñanza partiendo de cómo les enseñaron a ellos. La mayoría tiene una marcada imagen del «profesor como conferenciante». Muchos incluso conservan fuertes vínculos con sus destrezas en esta modalidad. No resulta fácil liberarse de viejos estilos pedagógicos, con independencia de lo cómodos que sean, a favor de estrategias que funcionen mejor para los alumnos.

Y no pueden hacerlo por su cuenta. Para mantener el cambio, debes crear ecologías de liderazgo efectivo en múltiples niveles. Los profesores han de estar integrados en comunidades donde se ayuden unos a otros. Hemos de procurar no solo ofrecer una «formación superficial» de uno o dos días y luego desearles suerte, sino estimular redes cooperativas realmente sólidas que transformen la cultura de una escuela mediante la colaboración continua, la asunción de riesgos y la innovación a diario. También es crucial el compromiso firme y activo y el respaldo del director y otros «líderes de creación». De hecho, actualmente la mayoría de los expertos que conocemos en formación de profesores no suelen trabajar con docentes aislados, sino que insisten en la creación de capacidades para directores y profesores en paralelo, a fin de que estos y los administradores creen conjuntamente un entorno para la colaboración y la innovación regular. Cabe decir lo mismo del liderazgo del distrito o del sistema, que sitúa el contexto en términos de objetivos globales, estructuras y procesos para la innovación permanente.[17]

A la larga, este entorno de apoyo debe prolongarse más allá de la escuela, hasta llegar a los padres y al público en general. La escuela es un sistema complejo con un entorno de partes interesadas muy intrincado, mucho más que en el caso de una empresa. No es realista pensar que los educadores pueden cambiar la escuela por sí solos, lo cual se ha evidenciado en innumerables esfuerzos de «reforma educativa» decepcionantes. Sin embargo, la mayoría de los educadores no son necesariamente hábiles a la hora de implicar a las diversas partes externas interesadas. Una vez que reconozcamos esto, podremos trabajar sobre ello, y servirán muchas de las herramientas para las inteligencias sistémica, social y emocional.

Según nuestra experiencia, las empresas han recorrido

una curva de aprendizaje pronunciada en lo referente al cambio sistémico, y las lecciones aprendidas pueden también orientar a los líderes educativos (en todos los niveles). Por ejemplo, en el mundo empresarial ha habido una conciencia continuamente creciente en torno a la diferencia entre compromiso y conformidad. Si «les dices que lo hagan», el éxito de la puesta en práctica es muy desigual. Pero la mayoría de las veces, en el campo educativo los líderes funcionan así todavía, como pasa en el programa SEAL del Reino Unido. Los «líderes» identifican un cambio necesario y luego lo extienden por el sistema. Los profesores asisten a un curso de desarrollo profesional (PD, por sus siglas en inglés) y a continuación se supone que han de poner el cambio en marcha. Siguiendo este enfoque, tenemos conformidad en el mejor de los casos, a menudo a regañadientes.

Solemos observar que los educadores coinciden intelectualmente en la identificación de los problemas de las estrategias basadas en la conformidad, pero hacen lo contrario de lo que propugnan. Los «líderes docentes» hablan mucho de boquilla sobre no imponer las cosas a la gente, pero no es esto lo que se hace. Y cuando preguntamos: «¿Por qué te aferras al modelo de arriba abajo?», suelen contestar recurriendo a supuestos básicos como «Bueno, si no lo hacemos, [los profesores] no lo hacen», o «No tenemos tiempo para un proceso más lento», o «Mira, aquí tenemos un sindicato» (dando a entender que la esperada resistencia del sindicato justifica el enfoque de arriba abajo).

Una idea directriz tanto de la psicología personal como del aprendizaje educacional es que cuando hay brechas persistentes entre lo que se defiende y lo que se hace, casi siempre se observa que estar influido por suposiciones profundas contradice las ideas propugnadas. Nadie suele verificar estas suposiciones. El investigador educativo Michael Fullan nombra sucintamente una de ellas cuando dice que «casi todo el mundo acepta que "todos los niños deben aprender", pero no tanto que "todos los profesores deben aprender"».

Es aquí donde los líderes sistémicos del mundo educativo podrían realmente seguir el ejemplo de los niños de seis años atascados en un círculo vicioso de refuerzo que parecen incapaces de romper. En cuanto creemos que los profesores no cambiarán, seguimos modelos de arriba abajo que garantizan un escaso éxito de puesta en práctica y generan nuevas pruebas que respaldan nuestra idea.

Estrategias de cambio
de arriba abajo

Suposición de que
los profesores no
cambiarán

Escaso éxito
de la puesta
en práctica

Fuente: Peter Senge.

Como los niños, si los líderes sistémicos dibujaran sin más este bucle y se pusieran a hablar en serio sobre ello, les resultaría más fácil hacer aflorar estas suposiciones implícitas y pensar juntos en «cómo romper el bucle de refuerzo».

Según nuestra experiencia, el verdadero trabajo para el cambio comienza teniendo conversaciones sinceras acerca de nuestros modelos mentales. Hasta que no se perfila nítidamente la idea de que «en realidad no confiamos en los profesores», este supuesto permanece invisible, por lo que es inverificable. Pero mantener estas conversaciones requiere también niveles elevados de inteligencia social y emocional, desde luego. A menudo nos preguntamos cuántos de los educadores que abrazan el SEL reconocen que el viaje empieza con ellos, y que la puesta en práctica satisfactoria exige un gran esfuerzo en sus propios equipos.

En la mayoría de los escenarios, los líderes del cambio también necesitan sacudirse de encima la idea de que «todos han de hacerlo así». En cualquier proceso exigente de cambio, hay que dejar que, en cierta medida, las personas avancen a ritmos distintos. Casi siempre encontraremos a gente que quiere realmente moverse en la dirección nueva —por ejemplo, profesores que en el aula han estado haciendo siempre el SEL o actividades de carácter sistémico—. Ahora tienen permiso y, como es lógico, estarán entusiasmados. Luego están los que en realidad no lo entienden y, o bien no harán nada (no conformidad), o bien harán lo mínimo para no perder el empleo. Y entre unos y otros tenemos a personas que se muestran abiertas a un método nuevo pero que necesitan ayuda, sea porque les preocupa no estar capacitadas para los nuevos enfoques, sea porque antes intentaron algo parecido y no funcionó, y así sucesivamente.

Los líderes del cambio efectivo se centran en respaldar a los ya implicados, a la vez que, simultáneamente, aumentan su compromiso con los que se muestran receptivos pero no se mueven lo bastante rápido. Aprenden a abandonar la idea de convencer a los escépticos y confían en que el proceso, si empieza a coger impulso, poco a poco llegará a esta gente de un modo u otro. Hemos observado a menudo que, tres años después, algunos de los más entusiastas líderes del cambio proceden de los inicialmente no convencidos, por ejemplo, personas que exhiben un escepticismo sano derivado de muchos esfuerzos malogrados en el pasado pero a quienes realmente les importan los cambios que puedan beneficiar de veras a los alumnos.

La clave está en imprimir impulso en los que están listos para cambiar —los líderes naturales del sistema en múltiples niveles—. Hay que ser hábil para encontrar a esas personas y ayudarles a dar un paso al frente. Además hay que tener el tiempo suficiente para permitir que el conjunto del proceso cree compromiso mediante éxitos tangibles y mejoras en los resultados. Siempre hemos comprobado que los mejores vendedores de prácticas pedagógicas nuevas son los propios profesores, sobre todo cuando pueden exhibir resultados sobre lo que están consiguiendo sus estudiantes. Por lo general, esto se traduce en montones de sesiones grupales informales de trabajo en las que los profesores analizan el trabajo de los alumnos y explican sus nuevas prácticas. Es habitual oír a un profesor decir cosas así: «Este estudiante tenía cierto problema conductual cuando lo conocí. ¿Cómo estableciste contacto con él?» O también: «¿Que este alumno hizo *qué*? Jamás habría esperado de él este grado de claridad.» Llegados a este punto, muchos escépticos empiezan a decidirse.

Y oímos decir: «Pero esto llevará tiempo, y tenemos mucha presión para transformar el rendimiento de los estudiantes de la noche a la mañana.» Es algo totalmente comprensible, y por eso hacemos hincapié en el contexto de la diversidad de partes interesadas y el liderazgo en múltiples niveles. Estamos aprendiendo que tan pronto hay suficiente liderazgo en el aula, la escuela y el sistema escolar y comenzamos a implicar a los padres y a la comunidad en su sentido más amplio, se empieza a generar el verdadero impulso. Hace falta que los profesores y administradores tengan lo que Michael Fullan denomina «Estrategias para crear capacidad de gran eficacia». También debe haber jalones claros a lo largo del viaje, y a la vez conviene usar ejemplos de éxito estudiantil para promover la prominencia emocional de común acuerdo con indicadores más cuantificables de progreso académico.

Nada de esto resulta fácil. A mi entender, la explicación que podemos dar es que, en última instancia, las inteligencias sistémica, social y emocional son innatas. En cuanto la gente ve que hay estrategias prácticas para avanzar, y que esto es provechoso para el desarrollo tanto personal como académico de muchos alumnos, ciertas cuestiones y reservas acaban siendo menos problemáticas.

CASEL ya ha establecido directrices prácticas bien fundadas para poner en práctica el SEL, entre ellas las siguientes:

- Establecer una idea compartida del SEL con todas las partes interesadas.
- Crear un servicio relacionado con el SEL y un inventario de necesidades.
- Desarrollar para el SEL un plan plurianual que dé una idea general de cómo se alcanza la idea y se evalúa la evolución con el tiempo.
- Ofrecer desarrollo profesional permanente para el personal.
- Poner en práctica programas SEL basados en pruebas.
- Incorporar políticas y actividades en toda la escuela para potenciar la educación social, emocional y académica de todos los estudiantes.
- Utilizar datos claros para mejorar la práctica.[18]

Es posible adaptar las mismas directrices para que abarquen el aprendizaje sistémico. Entonces podríamos añadir las siguientes:

- Crear ecologías de liderazgo sano que armonicen el liderazgo en las aulas, las escuelas, el sistema y la comunidad.
- Preguntar continuamente: «¿Cómo debemos cambiar mi equipo y yo?»
- Predisponerse a favor del compromiso por encima de la conformidad.
- Hacer hincapié en la voluntad en todo momento.
- Respetar la profesionalidad, la capacidad de aprender, el proceso de aprendizaje y las necesidades de los adultos.

- Ir despacio para ir rápido: dejar que los preparados para liderar cojan impulso.

- Implicar en el proceso a los miembros del consejo y de la comunidad, para que también sientan que están colaborando en la creación de un entorno favorable a la innovación permanente.

- Crear responsabilidad para el cambio entre todas las partes clave interesadas.

En nuestra opinión, hay una gran oportunidad para que el SEL y los movimientos sistémicos colaboren más estrechamente en estos procesos continuos de transformación cultural. Ambas redes llevan veinte años creciendo con rapidez. En la actualidad, la red del SEL está presente en un gran número de sistemas escolares, y la red de pensamiento sistémico se ha expandido, pasando de estar formada predominantemente por profesores y escuelas a estar formada por sistemas escolares, con cierto énfasis en las áreas urbanas grandes, donde radican muchos de los problemas más peliagudos de las escuelas estadounidenses.

En conjunto, las redes del SEL y del pensamiento sistémico seguramente ya están llegando, como mínimo, al 1-5 por ciento de las escuelas y los alumnos. Si nos aliásemos con otros movimientos afines en favor de la innovación básica en la escuela, el alcance sería aún mayor. Según diversos estudios sobre el cambio, el 10-20 por ciento que practiquen en serio un nuevo enfoque y pongan de manifiesto sus ventajas pueden constituir una masa crítica. No nos falta mucho para conseguirlo. Si trabajamos juntos, en el espacio de una década podemos llegar a un verdadero punto de inflexión.

A medida que se vaya formando una masa crítica, irá quedando claro que estas redes son decisivas para los alumnos actuales. Entender cómo el yo, el otro y los sistemas más amplios están en esencia interconectados hace que cada uno de ellos sea más comprensible y convincente. Esto ayudará a que los educadores preocupados por uno se preocupen de forma natural por los otros. También hará que sea más fácil clarificar el conjunto del cuadro para los padres y los ciudadanos en general. Cada vez más empresas comprenden que necesitan personas capaces de pensar por sí mismas, que se motiven a sí mismas, que sean autodidactas y que puedan trabajar en equipo con eficacia, sobre todo si se trata de afrontar problemas realmente complejos. Solo necesitan recuperar la confianza en que las escuelas son realmente capaces de desarrollar estas capacidades de manera efectiva.

Quizá lo más importante es que los niños lo entienden. Se trata de reconocer su inteligencia innata. Si la labor sistémica y el SEL se llevan a cabo con destreza, llegan a ser vehículos para implicar de verdad a los estudiantes y reforzar su confianza para pensar por sí mismos en los diversos planes de estudio. Además, si recordamos lo dicho al principio, lo que está en juego en última instancia es nuestra capacidad colectiva para resolver los abrumadores problemas a los que nos enfrentamos como especie —es decir, el futuro común de los estudiantes—. El dilema esencial de la era antropocénica se centra en aprender a entender las consecuencias sistémicas de nuestras acciones en una escala global. Este trabajo nos recuerda que el verdadero desafío no consiste en llegar a ser más listos o más inteligentes en las maneras de pensar principalmente no sistémicas que han posibilitado y acelerado el cambio de la revolución industrial, sino en explotar y desarrollar nuestras inteligencias más profundas del yo, del otro y del sistema en un momento en que realmente las necesitamos.

Recordemos que, por primera vez en la historia humana, actualmente los niños crecen en el mundo. A los siete u ocho años, los niños son muy conscientes de los problemas sociales y medioambientales en su sentido más amplio. Son capaces de conectar los puntos de la figura. Saben que estas cuestiones determinan el mundo en el que viven. Lo que la mayoría no tiene es la sensación de que sus escuelas también saben, y de que pueden ayudarles a prepararse para ser capaces de contribuir a resolver estos problemas.

Esto le quedó meridianamente claro a Peter y a muchos otros hace unos años, en una reunión regional de la asociación educativa de la Sociedad para el Aprendizaje Organizacional (SOL, por sus siglas en inglés). Ese día, un público de unos doscientos cincuenta adultos escuchó a una serie de estudiantes exponer sus proyectos de sostenibilidad, entre ellos uno de una chica de doce años que describió la turbina eólica que ella y sus compañeros de clase habían construido en su escuela. La exposición duró unos tres minutos.

El proyecto comenzaba con unas clases en las que el profesor de ciencia hablaba de energía y la necesidad de acelerar el paso hacia el uso de energías renovables. La estudiante y cuatro compañeros hablaban con el profesor sobre qué podían hacer al respecto, y ahí nacía la idea de la turbina eólica. Recababan de los padres ayuda para poner en orden las diferentes opciones de ingeniería y de inversión, y al final presentaban su idea a la directora de la escuela, a la sazón alcaldesa de la ciudad. La alumna señaló lo siguiente: «Me preocupaba que la exposición ante la alcaldesa no funcionara bien... la verdad es que cuando le expusimos nuestras ideas no dijo nada.» Sin embargo, más adelante les pidieron que hicieran una segunda explicación ante la alcaldesa y los miembros del consistorio. La alumna terminó su excelente intervención con una fotografía de la turbina eólica vertical que ahora se puede ver delante de la escuela.

Tras captar toda la atención del público, básicamente atónito, la chica de doce años, treinta y cinco kilos de férrea resolución, se dirigió a todos con calma: «Los niños oímos a menudo que nos decís "Sois el futuro". No estamos de acuerdo. No tenemos tanto tiempo. Hemos de empezar a cambiar ahora. Los niños estamos preparados, ¿y vosotros?»[19]

NOTAS

1. HASENKAMP, Wendy, y otros: «Mind Wandering and Attention During Focused Meditation», *Neurolmage*, n.º 1 (2012), 750-760. En el estudio se observó que, cuanto más tiempo habían practicado los voluntarios ejercicios mentales como este, mayor era la conectividad en circuitos clave de la atención.

2. TOUGH, Paul: *How Children Succeed: Grit, Curiosity, and the Hidden Power of Character*, Boston, Houghton Mifflin, 2012, impreso (hay trad. cast., *Cómo triunfan los niños: determinación, curiosidad y el poder del carácter*, Madrid, Ediciones Palabra, 2014).

3. MISCHEL, Walter: *The Marshmallow Test: Mastering Self-control*, Nueva York, Little, Brown, 2014, impreso.

4. MOFFITT, Terrie E., y otros: «A Gradient of Childhood Self-Control Predicts Health, Wealth, and Public Safety», *Proceedings of the National Academy of Sciences*, 108, n.º 7, 2693-2698.

5. Más sobre el modo seguro —o la sensación de seguridad en el aula—, véase BENNETT-GOLEMAN, Tara, *Mind Whispering*, Harper One, San Francisco, 2013, impreso (hay trad.

cast., *Susurrar a la mente: un mapa para liberarnos de los hábitos autodestructivos*, Barcelona, Kairós, 2015).

6. Véase *www.mindandlife.org.*

7. Véase *www.ccmodelingsystems.com/student-projects-highlights.html* y *www.ccmodelingsystems.com/student-projects-videos-html.*

8. Véase *www.es.wikipedia.org/wiki/Pharmacokinetics.*

9. Véase «Modeling Dynamic Systems, third edition» y «Lessons in Mathematics: a Dynamic Approach», de Diana Fisher, ambos disponibles en ISeeSystems de *www.iseesystems. com/store/k12-aspx.* El primero inicia a los alumnos en la creación de modelos dinámicos de simulación. El segundo es una innovadora muestra de cómo enseñar matemáticas de secundaria (cálculo incluido) desde una perspectiva sistémica, haciendo hincapié en la comprensión intuitiva de la dinámica como fundamento del dominio de la técnica.

10. El vídeo se puede ver en *www.watersfoundation.org/resources/firstgradestudents/.*

11. Estas herramientas visuales para los primeros años también funcionan bien con niños que estudian lengua inglesa o, por lo demás, están forcejeando con sus habilidades lingüísticas. Esto concuerda con las investigaciones en aumento sobre el poder de las herramientas visuales para los estudiantes de lengua inglesa. Véase MARZANO, Robert, y otros: *Classroom Instruction That Works: Research-Based Strategies for Increasing Student Achievement*, 2.ª ed., Association for Supervision & Curriculum Development, Alexandria, 2012, impreso.

12. Véase *www.watersfoundation.org.*

13. Véase *www.lettersofnote.com/2011/11/delusion.html.*

14. HOVMAND, Peter: *Community Based System Dynamics*, Nueva York, Springer, 2014, impreso.

15. SENGE, Peter, y otros: *Schools That Learn (Updated and Revised): A Fifth Discipline Fieldbook for Educators, Pa-*

rents, and Everyone Who Cares About Education, Crown Business, Nueva York, 2012, impreso.

16. HUMPHREY, Neil. *Social and Emocional Learning: A Critical Appraisal*, SAGE Publications, Londres, 2013, impreso.

17. Esta idea sistémica del liderazgo se desarrolla con mayor profundidad en un informe de la Fundación Hewlett. Véase SENGE, Peter, y otros: «Developmental Stories: Lesson from Systemic Change for Success in Implementing the New Common Core Standards», *Web*, 6 de mayo de 2012. El artículo se puede encontrar en *www.soledpartnership.org/wp-content/uploads/2014/03/DevelopmentalStories.pdf*.

18. Colaboración para el Aprendizaje Académico, Social y Emocional. *2013 CASEL Guide: Effective Social and Emotional Learning Programs: Preschool and Elementary School Edition*, 2013, archivo PDF.

19. Véase *Leader to Leader*, junio de 2012.

Daniel Goleman es autor del superventas *Inteligencia emocional*, considerado por *Time Magazine* uno de los 25 libros de gestión empresarial más influyentes. Es co-director del Consorcio para la Investigación sobre la Inteligencia Emocional en las Organizaciones.

Peter M. Senge, doctor, es profesor del Instituto Tecnológico de Massachusetts; presidente fundador de SOL, Sociedad para el Aprendizaje Organizacional; y autor del aclamado libro *La quinta disciplina: El arte y la práctica de la organización abierta al aprendizaje.*

Para más información: *http://soledpartnership.org/ systems-thinking-and-sel/*

ÍNDICE

También de Daniel Goleman
en *More Than Sound*:

What Makes a Leader: Why Emotional Intelligence Matters.
Cultivating Focus: Techniques for Excellence (hay trad.
cast., *Focus: desarrollar la atención para alcanzar la
excelencia*, Barcelona, Kairós, 2013).
*Focus for Teens: Enhancing Concentration, Caring, and
Calm.*
*Focus for Kids: Enhancing Concentration, Caring, and
Calm.*
Leadership: A Master Class DVD series, con Bill George,
Warren Bennis, George Kohlrieser y otros.
Leadership: The Power of Emotional Intelligence (hay
trad. cast., *Liderazgo: el poder de la inteligencia emo-
cional*, Barcelona, Ediciones B, 2013).
The Brain and Emotional Intelligence: New Insights (hay
trad. cast., *El cerebro y la inteligencia emocional*, Bar-
celona, Ediciones B, 2012).
Better Parents, Better Spouses, Better People, con Daniel
Siegel.

Knowing Our Emotions, Improving Our World, con Paul Ekman.

Training the Brain: Cultivating Emotional Intelligence, con Richard Davidson (hay trad. cast., *La práctica de la inteligencia emocional*, Ed. Kairós, Barcelona, 2010).

Good Work: Aligning Skills and Values, con Howard Gardner.

The Inner Compass for Ethics and Excellence, con Naomi Wolf.

Socially Intelligent Computing, con Clay Shirky.

Rethinking Education, George Lucas.

Leading the Necessary Revolution, con Peter Senge.

OTROS TÍTULOS
DEl MISMO AUTOR

EL CEREBRO Y LA INTELIGENCIA EMOCIONAL

Daniel Goleman

Durante la última década y media ha habido un flujo constante de descubrimientos que han venido a explicar mejor la dinámica de la inteligencia emocional. En este nuevo libro Daniel Goleman nos explica, de forma clara y sencilla, lo que se sabe sobre la base cerebral de la inteligencia emocional. Esta obra permite comprender con mayor profundidad la inteligencia emocional y mejorar su aplicación.

«Cuando escribí *La inteligencia emocional* reuní los frutos de una década de investigaciones por entonces recientes sobre el cerebro y las emociones. Recurrí al concepto de inteligencia emocional como marco para poner de relieve un nuevo campo: la neurociencia afectiva. Las investigaciones sobre el cerebro y sobre nuestras vidas emocionales y sociales no se detuvieron cuando terminé la obra, sino que más bien han tomado renovado impulso en los últimos años.»

LIDERAZGO

Daniel Goleman

«He reunido los trabajos de más de veinte años que mejor ilustran el impacto positivo de la IE en relación con la excelencia personal y organizativa», dice Goleman. «El libro debe considerarse una "caja de herramientas". Cada capítulo representa un artefacto único y útil que ayudará a líderes, entrenadores, directivos de recursos humanos, instructores y educadores a guiar y motivar de manera efectiva.»

Liderazgo es la primera selección exhaustiva de los hallazgos relacionados con el concepto de liderazgo de Daniel Goleman. Este material, a menudo citado y de probada eficacia, ayudará a desarrollar la capacidad de dirección, ejecución e innovación. La presente selección incluye, en un solo volumen, los escritos más solicitados de Goleman.

CÓMO SER UN LIDER

Daniel Goleman

Daniel Goleman, psicólogo y periodista, ha dedicado más de dos décadas a investigar los avances científicos en busca de todo aquello que sea novedoso, importante y útil para nuestro desarrollo personal y profesional.

Este nuevo libro, en la estela de *El cerebro y la inteligencia emocional* (Ediciones B, 2012) y *Liderazgo* (Ediciones B, 2013), compila los artículos más buscados e innovadores de la Harvard Business Review y otras revistas de negocios.

Este volumen refleja la evolución del pensamiento de Goleman sobre la inteligencia emocional, el seguimiento de las últimas investigaciones neurocientíficas sobre la dinámica de las relaciones y los datos más recientes sobre el impacto que tiene la inteligencia emocional en la línea de fondo de una organización empresarial.

Este material, muy citado y de demostrada efectividad, se ha convertido en una lectura esencial para los dirigentes, coachs y educadores comprometidos con el fomento de la buena gestión, así como para aumentar el rendimiento y la innovación empresarial.